White Paper Series Vitböcker

THE SWEDISH LANGUAGE IN THE DIGITAL AGE

SVENSKA SPRÅKET I DEN DIGITALA TIDSÅLDERN

Lars Borin Språkbanken, Göteborgs univ.
Martha D. Brandt Språkbanken, Göteborgs univ.
Jens Edlund Kungliga Tekniska högskolan
Jonas Lindh Språkbanken, Göteborgs univ.
Mikael Parkvall Stockholms universitet

Georg Rehm, Hans Uszkoreit
(utgivare, editors)

Editors
Georg Rehm
DFKI
Alt-Moabit 91c
Berlin 10559
Germany
e-mail: georg.rehm@dfki.de

Hans Uszkoreit
DFKI
Alt-Moabit 91c
Berlin 10559
Germany
e-mail: hans.uszkoreit@dfki.de

ISSN 2194-1416 ISSN 2194-1424 (electronic)
ISBN 978-3-642-30831-4 ISBN 978-3-642-30832-1 (eBook)
DOI 10.1007/978-3-642-30832-1
Springer Heidelberg New York Dordrecht London

Library of Congress Control Number: 2012940570

Printed on acid-free paper

Springer is part of Springer Science+Business Media (www.springer.com)

FÖRORD PREFACE

Denna vitbok ingår i en serie med information om språkteknologi och de möjligheter denna teknologi öppnar. Vitboken riktar sig till journalister, beslutsfattare, språkgemenskaper, utbildare och andra. Tillgången till och användningen av språkteknologi varierar stort mellan Europas språk. Därför krävs olika åtgärder som beror på många faktorer, t. ex. hur komplext språket är och hur stor språkgemenskap det handlar om.

META-NET, ett EU-finansierat spetsforskningsnätverk, har inventerat och analyserat tillgången till språkresurser och språkteknologi i denna vitboksserie (se s. 79). Analysen omfattar de 23 officiella EU-språken, samt ett antal andra viktiga national- och regionalspråk i Europa. Resultaten av analysen visar på avsevärda brister i teknikstöd och stort behov av forskningsinsatser överlag. Den detaljerade expertanalys och lägesbedömning som föreligger här kan förhoppningsvis bidra till att maximera framtida forskningsinsatsers effektivitet.

META-NET består av 54 forskningscentra i 33 länder (i november 2011, se s. 75) som samverkar med intressenter från näringsliv (mjukvaru- och teknologiföretag, användare), offentlig sektor, ideella organisationer, språkgemenskaper och europeiska universitet. I samarbete med dessa grupper utvecklar META-NET en gemensam teknologivision och strategisk forskningsagenda för ett flerspråkigt Europa 2020.

This white paper is part of a series that promotes knowledge about language technology and its potential. It addresses journalists, politicians, language communities, educators and others. The availability and use of language technology in Europe varies between languages. Consequently, the actions that are required to further support research and development of language technologies also differs. The required actions depend on many factors, such as the complexity of a given language and the size of its community.

META-NET, a Network of Excellence funded by the European Commission, has conducted an analysis of current language resources and technologies in this white paper series (p. 79). The analysis focused on the 23 official European languages as well as other important national and regional languages in Europe. The results of this analysis suggest that there are tremendous deficits in technology support and significant research gaps for each language. The given detailed expert analysis and assessment of the current situation will help maximise the impact of additional research.

As of November 2011, META-NET consists of 54 research centres from 33 European countries (p. 75). META-NET is working with stakeholders from economy (software companies, technology providers, users), government agencies, research organisations, non-governmental organisations, language communities and European universities. Together with these communities, META-NET is creating a common technology vision and strategic research agenda for multilingual Europe 2020.

META-NET – office@meta-net.eu – http://www.meta-net.eu

Författarna vill uttrycka sin tacksamhet till den tyska vitbokens författare som givit sitt tillstånd till användning av valda delar av deras text [1].

Arbetet med denna vitbok har utförts med finansiering från EU:s sjunde ramprogram och ICT PSP, inom projekten T4ME (avtal 249 119), CESAR (avtal 271 022), META-NET4U (avtal 270 893) och META-NORD (avtal 270 899).

The authors of this document are grateful to the authors of the White Paper on German for permission to re-use selected language-independent materials from their document [1].

The development of this white paper has been funded by the Seventh Framework Programme and the ICT Policy Support Programme of the European Commission under the contracts T4ME (Grant Agreement 249 119), CESAR (Grant Agreement 271 022), METANET4U (Grant Agreement 270 893) and META-NORD (Grant Agreement 270 899).

INNEHÅLL CONTENTS

SVENSKA SPRÅKET I DEN DIGITALA TIDSÅLDERN

THE SWEDISH LANGUAGE IN THE DIGITAL AGE

SAMMANFATTNING

Informationsteknologin förändrar vår vardag. Vi använder nu normalt datorn när vi skriver och redigerar text, när vi räknar, när vi söker kunskap och i allt högre grad när vi läser, lyssnar på musik, tittar på foton och filmer. Vi har en liten dator i fickan som vi använder för att ringa, skriva epost, hämta information och för underhållning, oavsett var vi är. Hur påverkas vårt språk av denna massiva digitalisering av information, kunskap och vardagskommunikation? Kommer vårt språk att förändras eller till och med försvinna?

Våra datorer är hopkopplade i ett alltmer vittförgrenat globalt nätverk. När européer diskuterar reaktorhaveriet i Fukushima och hur det kan påverka Europas energipolitik i diskussionsfora och chattrum på nätet, handlar det i själva verket om ett antal separata diskussioner på en rad olika språk. Även om internet sammanbinder oss fysiskt, skiljer språken oss åt på samma sätt som alltid hittills. Kommer den situationen att bestå?

Många av världens 7 000 språk kommer inte att överleva i det globala informationssamhälle som vi nu i ilfart är på väg in i. Språkforskare har uppskattat att åtminstone 2 000 språk kommer att dö ut under de närmaste decennierna. Andra språk kommer att överleva i hemmen och lokala miljöer, men inte användas i större sammanhang, t. ex. i handel eller undervisning och forskning. Vilka är svenskans chanser att överleva?

Med sina 10 miljoner talare har svenskan en relativt stark position jämfört med många andra språk. Det finns ett antal public service-tevekanaler som sänder på svenska (sju i Sverige och en i Finland) samt några kommersiella kanaler. Trots att dess snara undergång ofta har förutspåtts, är bok- och tidningsmarknaden faktiskt tämligen stabil och aktiv, och den årliga bokmässan i Göteborg är störst i sitt slag i Norden, med över 100 000 besökare.

Det har länge varit självklart att använda svenska för kommunikation i Norden, särskilt med de närbesläktade nordiska språken norska och danska. De tre språken har sammanlagt c:a 20 miljoner talare, och de blandvarianter som ofta används i dessa sammanhang brukar kallas "skandinaviska". Svenska är det ena av Finlands två officiella språk och danska är skolämne på Island, Färöarna och Grönland. Nu tar engelskan dock alltmer över rollen som kommunikationsmedel över nationsgränserna i Norden, särskilt bland yngre talare och särskilt utanför Danmark, Norge och Sverige, där skandinaviska fortfarande håller ställningarna gentemot engelskan.

Klagomålen duggar tätt om den ökande användningen av engelska ord och uttryck i svenska och somliga är till och med rädda för att svenskan ska bli ett slags blandspråk. Inget tyder dock på att dessa farhågor har någon grund. Svenskan har överlevt ett massivt inflöde av nya ord och termer från tyska under medeltiden, liksom från franska under 1700-talet och början av 1800-talet. En bra motåtgärd mot hotet att förlora våra kära svenska ord och uttryck är att faktiskt använda dem – ofta och medvetet. Här brukar varken klagomål över främmande inflytande eller försök till officiell reglering av språkbruket åstadkomma särskilt mycket. Vi borde inte oroa oss så mycket över att engelskan ska ta över vårt språk. Ett större hot är att det kan bli helt obrukbart i stora delar av vår vardag. Då tänker vi inte på områden som forskning, flygtrafik eller den globala penningmarknaden, där världen faktiskt behöver ett globalt *lingua franca*. Vi tänker på de många sammanhang där det centrala är nå landets medborgare, inte att kommunicera internationellt – t. ex. inrikespolitik, myndighetsväsen, administration, lagstiftning, kultur och handel.

Ett språks status beror inte bara på hur många som talar det eller hur många böcker, filmer och tevekanaler som använder det, utan även på hur väl det är representerat i digitala medier och datorprogram. Även i det avseendet ligger svenskan ganska bra till: de flesta allmänt använda internationella datorprogrammen finns i svenska versioner och den svenska Wikipedia ligger världselva i antal artiklar, precis före den kinesiska.

När det gäller språkteknologi, finns ett gott utbud av produkter, teknologier och resurser för svenska. Det finns tillämpningar och verktyg för talsyntes, taligenkänning, stavnings- och grammatikkontroll. Det finns även en rad tillämpningar för automatisk översättning som inkluderar svenska som ett av språken, även om många av dessa tillämpningar kommer till korta när det gäller att producera språkligt korrekta och idiomatiska översättningar, särskilt om svenska är målspråket. Detta beror till en del på specifika drag hos svenska språket.

Informations- och kommunikationsteknologierna står nu inför sin nästa revolution. Efter persondatorer, nätverk, miniatyrisering, multimedia, mobila teknologier och molnet kommer nu en ny generation teknologier med mjukvara som erbjuder användarna en ännu bättre interaktion genom att den talar och förstår deras språk. Vi ser embryot till den utvecklingen i sådana tillämpningar som Googles fria översättningstjänst som översätter mellan 57 språk, IBM:s superdator Watson som besegrade USA-mästaren i Jeopardy och Apples mobila assistent Siri för iPhone som förstår talade kommandon och svarar på frågor på engelska, tyska, franska och japanska.

Nästa generations informationsteknologi kommer att hantera mänskligt språk till den grad att användarna kommer att kunna kommunicera på sitt eget språk med teknologin. Genom ett enkelt talgränssnitt kommer vi att kunna få våra apparater att leta fram de viktigaste nyheterna och den relevantaste informationen från världens digitala kunskapsbanker. Språkteknologi kommer att översätta automatiskt eller ge tolkningsstöd, sammanfatta samtal och dokument samt erbjuda stöd för lärande. Språkteknologi kommer t. ex. att kunna hjälpa invandrare att lära sig svenska och därmed hjälpa dem att integreras djupare i landets kultur.

Med nästa generations informations- och kommunikationsteknologier kommer vi att få se robotar i industrin och servicefunktioner, som förstår muntliga instruktioner från sina användare och utför dem, samt rapporterar i tal vad de har gjort.

För att åstadkomma detta krävs mjukvara som går långt bortom dagens enkla ordlistor, stavningskontrollprogram och uttalsregler. Teknologin måste gå vidare från enkla, fragmenterade approacher och ta ett helhetsgrepp på modelleringen av språket, där både syntax och semantik används för att förstå innebörden i frågor och för att kunna producera välformulerade och relevanta svar.

Men om vi jämför med vad som går att göra för engelska, ser vi att teknologin för svenska ligger långt efter och att avståndet just nu ökar. Efter en intensiv och framgångsrik satsning under 1980- och i synnerhet 1990-talet, har Sverige nu prioriterat ned forskning och utveckling inom språkteknologi, eftersom det finns andra nya, framväxande områden som uppfattas som mer angelägna att stödja. Därför har Sverige (och Europa i allmänhet) förlorat ett antal mycket lovande högteknologiska innovationer till USA, där forskningsstrategierna har präglats av större kontinuitet och där det har funnits bättre finansiellt stöd för kommersialisering av nya teknologier. När det handlar om teknologiinnovation, räcker det inte att vara först med en lysande visionär idé; om man inte förmår att gå hela vägen till att realisera den i en tillämpning eller produkt, kan man högst räkna med att få några uppskattande rader i Wikipedia.

Forskningspotentialen är dock fortfarande mycket hög även på vår sida av Atlanten. Vi har inte bara internationellt respekterade forskningscentra och universitet, utan även ett antal innovativa småföretag inom språkteknologi, som lyckas överleva på ren kreativitet och massor av arbete, trots bristen på riskkapital och långsiktigt stöd från det offentliga. Å andra sidan är många av dessa företag inriktade på en internationell marknad och måste därmed kunna erbjuda produkter och tjänster för engelska. Trots att svenska företag aktivt utvecklar exempelvis webb- och sökteknologier, handlar det i praktiken endast marginellt om teknologi som är anpassad till svenska, utan i huvudsak är deras FoU-insatser och prototyper inriktade på lösningar för engelska.

I alla internationella jämförelser av språkteknologi brukar resultaten av automatisk analys av engelska vara betydligt bättre än för svenska, trots att (eller just därför att) analysmetoderna är liknande eller exakt desamma. Detta gäller utsökning av information i text, grammatikkontroll, maskinöversättning samt en hel rad andra tillämpningar.

Många forskare anser att den här skillnaden beror på att man i ett halvsekel har utvecklat metoder och algoritmer för språkteknologi med främst engelska i fokus. Antalet publikationer som behandlar svenska vid ledande internationella konferenser och i vetenskapliga tidskrifter är försvinnande litet jämfört med dem som handlar om engelska.

Somliga forskare menar också att engelska i sig lämpar sig bättre för automatisk datoranalys. Även språk som spanska och franska ger bättre resultat med dagens metoder jämfört med svenska. Det betyder att vi behöver en fokuserad, samordnad och långsiktig forskningsinsats om vi vill kunna använda nästa generations informations- och kommunikationsteknologier i de sammanhang i vårt privat- och yrkesliv där vi talar och skriver svenska.

Sammanfattningsvis: trots olyckskorparnas kraxande är svenskan inte hotad, inte ens av engelskans dominans i IT-domänen. Hela situationen kan dock förändras dramatiskt när vi med en ny generation teknologier verkligen börjar se effektivt språkstöd. Genom bättre maskinöversättning kommer språkteknologin att bidra till att språkbarriärer övervinns, men den komemr bara att finnas för de språk som har lyckats överleva övergången till den digitala världen. Om bara språkteknologistödet finns på plats, kommer även språk med få talare att klara sig i den nya världen. Om det saknas, kan även 'stora' språk hamna i farozonen.

Tandläkaren skämtar: "Du behöver bara borsta de tänder du vill ha kvar". Samma sak gäller för forskningspolitik: Studera och beskriv gärna alla möjliga språk, men du behöver bara utveckla dyrbara teknologier för de språk som du verkligen vill ska överleva.

2

HOTET MOT VÅRA SPRÅK: EN UTMANING FÖR SPRÅKTEKNOLOGIN

Vi bevittnar för närvarande en digital revolution med enorma effekter på kommunikation och samhälle. Den senaste utvecklingen inom den digitala informations- och kommunikationsteknologin jämförs ibland med Gutenbergs uppfinning av boktryckarkonsten. Vad säger oss den liknelsen om framtiden för det europeiska informationssamhället och särskilt för våra språk?

> Den digitala revolutionen kan jämföras med Gutenbergs uppfinning av boktryckarkonsten.

Gutenbergs uppfinning ledde till såna stora genombrott i informations- och kunskapsutbyte som t. ex. Luthers översättning av bibeln till folkspråket. Senare århundraden bevittnade framväxten av kulturella teknologier för mer effektiv språkanvändning och kunskapsutbyte:

- Ortografisk, lexikalisk och grammatisk standardisering av språken möjliggjorde snabb spridning av nya vetenskapliga och intellektuella idéer.
- Skapandet av standardspråk gjorde det möjligt för medborgare att kommunicera fritt inom vissa – ofta politiska – gränser.
- Språkundervisning och översättning underlättade meningsutbyte mellan språken.
- Utvecklingen av redaktionell och bibliografisk praxis garanterade kvaliteten i tryckt text.
- Uppkomsten av olika medier som böcker, tidningar, radio, television uppfyllde olika och varierade kommunikationsbehov.

Under de senaste två årtiondena har informationsteknologin möjliggjort automatisering och förenkling av en rad aktiviter:

- Skrivmaskiner och textsättning har ersatts av ordbehandling och desktopprogram.
- Presentationsprogramvara har ersatt overheadbilder.
- Meddelanden och dokument kan skickas mycket snabbare och enklare med epost än med fax eller telex.
- Skype erbjuder telefoni och telekonferenser över internet till ingen eller låg kostnad.
- Digitala audio- och videoformat underlättar utbyte av multimediainnehåll.
- Sökmotorer ger tillgång till webbsidor med enkla sökord.
- Onlinetjänster som Google Translate levererar snabba grovöversättningar.
- Sociala medier (Facebook, Twitter) underlättar kommunikation och informationsutbyte.

Alla dessa verktyg och tillämpningar är helt klart praktiska, men långt ifrån tillräckliga för att säkerställa ett obehindrat flöde av information och varor i ett europeiskt samhälle som ska förbli varaktigt flerspråkigt.

2.1 SPRÅKGRÄNSER HÅLLER TILLBAKA DET EUROPEISKA INFORMATIONSSAMHÄLLET

Vi kan inte förutsäga exakt hur det framtida informationssamhället kommer att se ut. Det är ändå mycket troligt att kommunikationsteknologirevolutionen kommer att föra samman talare av olika språk på nya sätt. Därmed ökar kraven på individen, som behöver lära sig nya språk, men i synnerhet på teknikutvecklare, som behöver ta fram nya lösningar för ömsesidig förståelse och kunskapsutbyte. I dagens globala ekonomi och informationssamhälle leder nya typer av media till ökad interaktion mellan olika språk, språkbrukare och informationsinnehåll. Den popularitet som vi ser hos sociala medier (Wikipedia, Facebook, Twitter, YouTube och Google+) är bara toppen på isberget.

I det globala informationssamhället konfronteras vi med olika språk, språkbrukare och informationsinnehåll.

Att skicka text i gigabytemängder runt världen är idag gjort på några få sekunder, så snabbt att vi inte ens hinner uppfatta att texten är på ett språk som vi inte förstår. Enligt en färsk EU-rapport köper 57 % av internetanvändarna i Europa varor och tjänster på ett språk som inte är deras modersmål. Engelska är det vanligaste främmande språket, följt av franska, tyska och spanska. Av användarna läser 55 % innehåll på ett främmande språk och 35 % använder ett annat språk för att skriva epost eller kommentarer på webben [2]. Så sent som för några år sen kunde man kalla engelska webbens lingua franca – den överväldigande merparten av innehållet på webben var då på engelska – men situationen har nu förändrats drastiskt. Andelen webbinnehåll på andra europeiska språk (och andra språk överhuvudtaget) har vuxit explosionsartat.

Överraskande nog har denna globala språkliga klyfta inte fått särskilt mycket uppmärksamhet i det offentliga samtalet, trots att den väcker en stor och akut fråga: Vilka av Europas språk kommer att frodas i framtidens sammanlänkade informations- och kunskapssamhälle och vilka är dömda till undergång?

2.2 HOTET MOT VÅRA SPRÅK

Boktryckarkonsten ökade informationsutbytet i Europa, men samtidigt ledde den till många europeiska språks undergång. Regional- och minoritetsspråk upphöjdes sällan till rangen av skrivna standardspråk. Språk som korniska (nästan utdött på 1700-talet men nu återupplivat) och dalmatiska (utdött på 1800-talet) förblev därför enbart talade språkformer, vilket i sin tur begränsade deras användbarhet i Europas nya språkliga ekologi. Har turen nu kommit till våra nutida skriftspråk på grund av internet?

Europas språkliga mångfald är en av våra rikaste och viktigaste kulturskatter.

De ungefär 80 språk som talas i Europa är en av våra rikaste och viktigaste kulturskatter och en central del av den unika europeiska samhällsmodellen [3]. Även om språk som engelska och spanska troligen kommer att överleva på den framväxande digitala marknaden, kan många andra av våra språk sannolikt bli överflödiga i ett sammanlänkat informationssamhälle. En sådan utveckling skulle försvaga Europas globala position och den skulle stå i motsats till den strategiska principen om varje europeisk medborgares samhällsdeltagande på lika villkor oavsett språk.

I en UNESCO-rapport om flerspråkighet understryks språkets nyckelroll för utövandet av grundläggande rättigheter såsom uttryckande av politiska åsikter, utbildning och samhällsdeltagande [4].

2.3 SPRÅKTEKNOLOGI ÄR EN NYCKELTEKNOLOGI

Ekonomiska satsningar på språkbevarande handlar traditionellt framför allt om språkundervisning och översättning. Enligt en uppskattning uppgick marknaden för översättning, tolkning, mjukvarulokalisering och webbplatsglobalisering i Europa till 8,4 miljarder euro år 2008 och beräknades stiga med 10 % årligen [5]. Ändå motsvarar detta bara en liten del av dagens och morgondagens behov av informationsutbyte mellan språk. Den enda realistiska lösningen för att säkerställa att morgondagens europeiska språkliga ekologi uppvisar samma mångfald och djup är att använda oss av teknologi, precis som vi använder teknologi för att uppfylla våra energi- och transportbehov, m.m.

Europa behöver robust språkteknologi till låg kostnad för alla europeiska språk.

Språkteknologi för alla former av skriven text och talat språk kan hjälpa människor att samarbeta, göra affärer, utbyta kunskap och delta i den samhälleliga och politiska debatten oavsett språkskillnader och datormognad. Språkteknologi finns ofta dold under ytan som en komponent i komplexa mjukvarusystem. Redan idag möjliggör den:

- informationssökning med sökmotorer
- stavnings- och grammatikkontroll
- produktrekommendationer i webbutiker
- GPS:er som talar till användaren
- översättning av webbsidor online

Språkteknologi består av en rad basteknologier, som kan användas i olika typer av tillämpningar. Syftet med META-NET-vitböckerna är att belysa i vilken grad dessa basteknologier är tillgängliga för Europas språk.

För att behålla sin ledande position inom global innovation, behöver Europa robust språkteknologi till låg kostnad för alla sina språk, för integrering i nyckelapplikationer. Utan språkteknologi kommer vi inte i framtiden att kunna åstadkomma en genuint effektiv användarupplevelse präglad av interaktivitet, multimedialitet och flerspråkighet.

2.4 SPRÅKTEKNOLOGINS MÖJLIGHETER

Boktryckarkonsten innebar ett teknologiskt genombrott som ledde till att en text snabbt kunde mångfaldigas med en mekanisk tryckpress. Människor behövde utföra det mödosamma arbetet med att lokalisera, bedöma, översätta och sammanfatta kunskap. Det dröjde till Edison innan det gick att bevara talat språk för eftervärlden, och då med en teknik för enbart analog lagring och kopiering.

Med hjälp av språkteknologi kan vi idag förenkla och automatisera översättning, innehållsproduktion och informationshantering för alla Europas språk. Teknologi möjliggör också lättanvända talbaserade gränssnitt för hemelektronik, maskineri, fordon, datorer och robotar. Fullskaliga kommersiella och industriella tillämpningar är fortfarande i sin linda, men forskning och utveckling inom språkteknologi uppvisar redan resultat som antyder en stor potential. Exempelvis finns nu maskinöversättning av godtagbar kvalitet inom specifika fackområden och prototypsystem har tagits fram för flerspråkig informationshantering och innehållsproduktion på flera europeiska språk.

Precis som har varit fallet med många andra teknologier, utvecklades de första språkteknologitillämpningarna – som t. ex. talbaserade användargränssnitt och dialogsystem – för smala domäner, och hade ofta begränsad funktionalitet. Marknadspotentialen är dock enorm inom utbildnings- och nöjesindustrin för integrering av språkteknologi i spel, edutainmentpaket, bibliotek, simulerings- och utbildningsprogramvara.

Mobila informationstjänster, datorstödd språkinlärning, e-utbildningsplattformar, programvara för självtest och plagiatdetektering är några tillämpningsområden där språkteknologi kan spela en viktig roll.

Den popularitet som sociala media som Twitter och Facebook åtnjuter pekar på ett behov av sofistikerade språkteknologifunktioner som kan följa inlägg, sammanfatta diskussioner, påvisa opinionstrender, identifiera känsloreaktioner, upptäcka upphovsrättsintrång eller spåra missbruk.

Språkteknologi bidrar till att motverka att språklig mångfald uppfattas som ett "handikapp".

Språkteknologi innebär en oerhörd chans för EU, genom att den erbjuder ett sätt att hantera den komplexa frågan om mångspråkighet i Europa, det faktum att olika språk används naturligt sida vid sida i Europa i näringsliv, organisationer och skolor. Medborgarna behöver därmed ständigt kunna kommunicera över språkgränser, och språkteknologi kan bidra till att övervinna denna sista barriär och samtidigt främja fri och allmän användning av de enskilda språken.

På längre sikt kommer innovativ europeisk språktteknologi att visa vägen för våra globala partners när de börjar stödja sina egna mångspråkiga samhällen. Språkteknologi kan ses som ett slags tekniskt hjälpmedel för att kompensera för det "handikapp" som språklig mångfald kan uppfattas som, genom att det ger språkgemenskaperna större tillgång till varandra.

Slutligen är ett aktivt forskningsområde användning av språkteknologi vid räddningsinsatser i katastrofområden, där systemfunktionen kan betyda skillnaden mellan liv och död. I framtiden kan vi få se livräddare i form av intelligenta flerspråkiga robotar.

2.5 SPRÅKTEKNOLOGINS UTMANINGAR

Även om vi har sett stora framsteg inom språkteknologi under de senaste åren, är takten i tekniska framsteg och produktinnovation fortfarande för låg. Allmänt använda funktioner som stavnings- och grammatikkontroll i ordbehandlingsprogram är typiskt enspråkiga och finns bara för en handfull språk.

Teknikutvecklingen behöver skyndas på.

Även om man nu med de översättningstjänster som är tillgängliga online snabbt kan få en grovöversättning av ett dokument, kommer de till korta om man kräver en exakt och komplett översättning. På grund av det mänskliga språkets komplexitet, är det ett tids- och resurskrävande företag att bygga modeller av våra språk i mjukvara och testa modellerna i verkliga livet, något som kräver ett stabilt långsiktigt finansieringsåtagande. Europa måste därför behålla sin roll som pionjär när det gäller att ta sig an de teknologiska utmaningar som ett mångspråkigt samhälle innebär genom att utveckla ny metodologi för att accelerera utvecklingen på bred front. Här kan det handla såväl om nya komputationella paradigm som om tekniker för storskaligt decentraliserat kollektivt samarbete av den typ som Wikipedia har stått modell för ("crowdsourcing").

2.6 HUR MÄNNISKOR OCH MASKINER LÄR SIG SPRÅK

För att illustrera hur datorer hanterar språk och varför det är ett så svårt problem att programmera dem så att de förstår och producerar språk på mänsklig nivå, ska vi ta en översiktlig titt på hur människor lär sig sitt eller sina modersmål och andra språk för att sedan se hur språkteknologisystem fungerar.

Människor lär sig språk på två sätt. Spädbarn lär sig språk genom att höra och ta del i interaktionen bland sina föräldrar, syskon och andra personer i deras omgivning. Vid ungefär två års ålder börjar barnen själva yttra sina första ord och korta fraser. Detta är möjligt enbart därför att människor har en genetiskt betingad förmåga att upprepa och så småningom lära sig att förstå språk (talat språk eller teckenspråk) som riktas till dem.

Att lära sig ett andraspråk efter de tidiga barndomsåren kräver betydligt större medveten ansträngning, framför allt därför att barnet då inte är omgivet av en språkgemenskap av modersmålstalare. I skolan lär man sig ofta främmande språk genom att grammatisk struktur, ordförråd och stavning övas med hjälp av explicita lingvistiska regler, tabeller och exempel.

Om vi nu istället ser på hur språkteknologisystem "lär sig" språk, finner vi samma två huvudtyper av inlärning. Statistiska (eller "datadrivna") metoder får sin språkkunskap ur enorma mängder konkreta textexempel genom en process som kallas "maskininlärning". För att ta fram exempelvis ett stavningskontrollprogram räcker det med text på ett språk, medan parallella texter på två eller flera språk behövs för att träna ett maskinöversättningssystem. Maskininlärningsalgoritmen "lär sig" då mönster för hur ord, korta fraser och hela meningar översätts.

De statistiska metoderna kräver normalt miljontals meningar för att uppnå godtagbar kvalitet. Detta är en viktig anledning till att sökmotorföretag vill samla in så mycket text som möjligt. Stavningsrättning i ordbehandlare och tjänster som Googles sökmotor och översättningstjänst bygger alla på statistiska metoder. Deras stora fördel är att datorn lär sig snabbt i en serie successiva träningsomgångar, även om kvaliteten kan variera godtyckligt.

Den andra typen av språkteknologisystem använder explicit formulerade regler. Ett regelbaserat maskinöversättningssystem bygger t. ex. på att språkvetare, datalingvister och datavetare tillsammans explicit kodar grammatiska analyser (översättningsregler) och sammanställer lexikal information (ordlistor), något som kräver mycket tid och arbete. Utvecklingen av några av de ledande regelbaserade maskinöversättningssystemen har bedrivits kontinuerligt under mer än två decennier. Den stora fördelen med regelbaserade system är att experterna har noggrannare kontroll över språkbearbetningen, vilket gör det möjligt att systematiskt korrigera fel i bearbetningen. Det är också lätt att ge användaren detaljerad återkoppling, vilket är en fördel särskilt när regelbaserade system används i datorstödd språkinlärning. Då utvecklingen av regelbaserade språkteknologisystem är förknippad med så höga kostnader, har sådana system med få undantag utvecklats enbart för några få stora språk.

Människor lär sig språk på två sätt: genom exempel och genom att lära sig språkliga regler.

Eftersom de statistiska och regelbaserade systemen tenderar att uppvisa komplementära styrkor och svagheter, fokuserar forskningen nu på att utveckla hybridsystem med kombinationer av de två metoderna. Dessa har dock hittills inte rönt samma framgång i kommersiella tillämpningar som i forskningslaboratorierna.

Som vi har sett i detta avsnitt, är många av de mest använda tillämpningarna och tjänsterna i dagens informationssamhälle starkt beroende av språkteknologi. Detta gäller inte minst den europeiska ekonomin och informationssamhället. Även om denna teknologi har utvecklats starkt under senare år, har språkteknologin fortfarande en enorm förbättringspotential när det gäller systemens kvalitet. I de två följande avsnitten beskriver vi vilken roll svenska språket spelar i det europeiska informationssamhället samt presenterar en översikt över befintlig språkteknologi för svenska.

3

SVENSKA I DET EUROPEISKA INFORMATIONSSAMHÄLLET

3.1 BAKGRUNDSFAKTA

Enligt Parkvall [6] utgör modersmålstalare av svenska – med svenska som *enda* modersmål – omkring 85 % av Sveriges befolkning, motsvarande omkring 7,7 miljoner människor. Av de återstående 15 % (ca 1,35 miljoner), kan de som vuxit upp i Sverige antas ha förvärvat svenska i barndomen parallellt med ett annat språk (ett inhemskt minoritetsspråk eller ett invandrarspråk).

Svenska är officiellt språk i Sverige och Finland.

Ungefär lika många (1,35 miljoner) av Sveriges invånare var 2010 födda utomlands enligt Statistiska Centralbyrån (SCB; http://www.scb.se). Den utrikes födda befolkningen inbegriper adoptivbarn, personer födda utomlands av svenska föräldrar, samt finlands- och estlands-svenskar (se nedan). Tillsammans har dessa grupper omkring 100 000 medlemmar. I figur 1, avseende 2006, visas fördelningen på olika språkgrupper (modersmålstalare) i Sverige [6].

Parkvall [6] uppskattar antalet talare av från standarden kraftigt avvikande svenska dialekter till ca 185 000, av vilka 5 000–10 000 talar varieteter som kanske hellre bör betraktas som egna språk (som älvdalska och överkalixmål i figur 1).

På det stora hela är dock de geografiska språkskillnaderna inom Sverige måttliga, och precis som i andra industrialiserade länder talar människor födda efter andra världskriget i allmänhet en standardvariant av språket, där i stort sett bara fonologiska egenheter avslöjar ens regionala ursprung. Givetvis förekommer även en del lexikala avvikelser från standarden, men morfosyntaktiska skillnader är numera knappast mer utpräglade mellan landsändar än mellan generationer. Svensktalande i Finland har i stort sett följt samma utveckling, även om lokala dialekter är vid något bättre vigör där än i Sverige. Föga förvånande har även språkligt material som förknippas med moderniteter ofta lånats från eller kalkerats på finska på Östersjöns östra sida.

De dialektala skillnader som trots allt kvarstår inom det svenska språkområdet är nästan helt begränsade till det talade språket, och för exempelvis tidningstext är det näst intill omöjligt att bestämma dess geografiska ursprung. Detta är svårt till och med för finlandssvensk press, sånär som på ett mindre antal uppenbara fennicismer, huvudsakligen rörande specifikt finländska förhållanden.

Antalet dagstidningar i Sverige uppgick 2008 till 168 stycken, och antalet är tämligen stabilt trots fallande upplagesiffror. Med "dagstidning" avses i den officiella statistiken en publikation som utges åtminstone tre dagar i veckan. 26 182 "böcker och broschyrer" publicerades i Sverige 2008, en siffra som har stigit betydligt under det gångna årtiondet. Antalet består till 86 % av originalverk och till 14 % av översättningar. En av fyra "böcker och broschyrer" trycktes på ett språk annat än svenska, vilket i nästan samtliga fall betydde engelska, snarare än något av de inhemska språken eller invand-

Officiellt majoritetsspråk			
Svenska	85,2 %		
Officiella minoritetsspråk		**Inhemska språk utan officiellt erkännande**	
Finska (inklusive tornedalsfinska/meänkieli)	2,5 %	Svenskt teckenspråk	0,1 %
		Älvdalska ("dialekt" av svenska)	0,02 %
Romani	0,1 %	Överkalixmål ("dialekt" av svenska)	0,02 %
Samiska språk	0,05 %		
Jiddisch	0,01 %		
Större invandrarspråk utan officiellt erkännande			
Serbokroatiska	1,2 %	Arameiska	0,4 %
Arabiska	1,0 %	Turkiska	0,4 %
Kurdiska	0,7 %	Somaliska	0,3 %
Spanska	0,7 %	Ungerska	0,2 %
Tyska	0,7 %	Ryska	0,2 %
Persiska	0,6 %	Thailändska	0,2 %
Norska	0,6 %	Kantonesiska	0,1 %
Danska	0,6 %	Grekiska	0,1 %
Polska	0,5 %	Estniska	0,1 %
Albanska	0,5 %		
Engelska	0,5 %	*Övriga invandrarspråk*	2,3 %

1: Språk i Sverige (procent modersmålstalare av befolkningen)

rarspråken. Hela 22 % av all originallitteratur som publicerades i Sverige 2008 var på engelska.

Tilläggas kan att UNESCO:s databas *Index translationum* (http://www.unesco.org/xtrans/) nämner 31 474 översättningar till svenska, och 31 358 från detta språk. Det faktum att SCB räknar omkring 3 000 översättningar till svenska enbart i Sverige ger intrycket av att de två källorna har drastiskt olika datamängder. Dock innehåller *Index translationum* efter 2005 ca 2 500 översättningar med svenska som målspråk, något som ligger tämligen nära SCB:s siffra.

Enligt den finländska Statistikcentralen (http://www.stat.fi), produceras årligen ungefär 500 svenskspråkiga originaltitlar i Finland, till vilket kommer ett hundratal översättningar till detta språk.

Inom populärkulturen kan noteras att av de musikstycken som 2010 spelades oftast i Sveriges Radios P3 [7] sjöngs 88 % på engelska (fem var på svenska och en på franska; noteras kan att åtskilligt av det engelskspråkiga materialet framfördes av svenska artister). På andra populärmusikaliska topplistor brukar svenskan dock klara sig något bättre.

Vad televisionsmediet beträffar var 74 % av de program som sändes på SVT 1999 inhemskt producerade, vilket normalt innebär att svenska (eller, i några fall, något av de nationella minoritetsspråken) användes. I de kommersiella kanalerna TV3, TV4 och TV5 var denna andel mellan 12 % och 49 % [8, 79]. Återigen innebär "annat språk än svenska" nästan undantagslöst engelska, i synnerhet i de reklamfinansierade kanalerna.

I Finland erbjuds två radiokanaler på svenska (http://svenska.yle.fi), och nästan 20 timmars sändningar per vecka i public service-teve. Därtill kommer en jämförbar mängd tevematerial som enbart sänds över webben. På biograferna svarade svenskspråkig film för en fjärdedel av biobesöken kring millennieskiftet [8, 85], där – återigen – engelska svarade för den förkrossande majoriteten av återstoden.

3.2 KARAKTÄRISTIKA FÖR SVENSKAN

På det stora hela är svenskan tämligen representativ för europeiska språk i allmänhet, och germanska språk i synnerhet. De mest "exotiska" detaljerna i språket återfinns inom fonologin, där bland annat följande drag sticker ut:

- ett fonematiskt tonaccentsystem,
- förekomsten av det tvärspråkligt ovanliga fonemet /ɧ/,
- ett påfallande stort vokalsystem, med främre rundade vokaler (och till och med tre grader av läpprundning för tripletten /ʉ̞ y ø/), samt
- tämligen liberal fonotax, med tre konsonanters ansatser och kodor med fyra konsonanter, vilket leder till en halv miljon potentiella stavelser.

Strukturellt sett följer svenskan i huvudsak de övriga germanska språken, med bland annat V2-ordföljd. Som exempel på mer udda drag kan nämnas placeringen av negationen före det finita verbet i underordnade satser, och förekomsten av en "reflexiv possessiv"-form i tredje person (d.v.s. en särskild possessivform *sin* som används om och endast om ägaren och det ägda är koreferentiella).

Likt exempelvis tyska, ägnar sig svenska gärna åt sammansättningar, vilket kan skapa ganska långa ord. Sammansättningar markeras av modersmålstalare fonologiskt med tonaccent-mönster, och i preskriptiv tradition skrivs de utan mellanslag mellan de ingående orden. Hos många skribenter skiljer sig dock tal och skrift härvidlag, såtillvida att sammansättningar gärna skrivs som separata ord (s.k. "särskrivning"), vilket kan vara relevant i språkteknologiska sammanhang. För skribenter som följer traditionella normer föreligger alltså en skillnad mellan *lång hårig* och *långhårig*, men denna distinktion följs inte av alla.

Svenskan är tämligen representativ för europeiska språk i allmänhet.

3.3 UTVECKLINGEN UNDER SENARE ÅR

Språklagstiftning existerade knappt i Sverige innan 1999, då en ny lag upphöjde fem språk (finska, samiska, romani, jiddisch och tornedalsfinska/meänkieli) till "nationella minoritetsspråk". I samma veva ratificerade Sverige den europeiska minoritetsspråkskonventionen med avseende på dessa. Det konkreta resultatet av detta är dock begränsat, och reformerna kan inte utan viss rätt betraktas som kosmetiska.

Efter minoritetsspråkslagen ansågs det från en del håll att det var märkligt att en nation hade officiella minoritetsspråk, men inget officiellt *majoritetsspråk*. Precis som i åtskilliga andra länder, såsom Storbritannien och USA funderade majoritetsspråket *de facto* som landets officiella, men saknade erkännande *de jure*. Denna situation förändrades dock 2009 i och med en ny lag som stadfäste svenskans roll som landets "huvudspråk". Lagtexten i sin helhet kan läsas i *Svensk författningssamling* nr. 2009:600 [9].

Det kan svårligen förnekas att texten är en smula vag. Den påpekar det självklara faktumet att "svenska är huvudspråk i Sverige", och att "alla som är bosatta i Sverige ska ha tillgång till" detta. Talare av vilket språk det än vara månde ska "ges möjlighet att utveckla och använda" detta. Det allmänna har ett "särskilt ansvar" för att svenska, de fem officiella minoritetsspråken och svenskt teckenspråk utvecklas.

Det närmaste den nya lagen kommer konkreta föreskrifter torde vara paragraf 10, där det framhålls att "språket i domstolar, förvaltningsmyndigheter och andra organ som fullgör uppgifter i offentlig verksamhet är svenska". Anmälningar från såväl privatpersoner som organisationer har inkommit, där fall påtalats där myndigheter anses otillbörligt ha främjat engelska på svenskans bekostnad. Det har i allmänhet rört sig om symbolfrågor såsom departementens och hovets internetadresser, vilka ursprungligen var enbart engelskspråkiga. Dessa anmälningar har rönt varierande grad av framgång.

För en översikt (på franska) av språklagstiftning i Sverige (eller för den delen vilket annat land som helst) rekommenderas den kanadensiska sajten *L'aménagement linguistique dans le monde* (http://www.tlfq.ulaval.ca/axl), som är så tillförlitlig man kan begära av ett arbete som har som ambition att täcka in hela världen.

3.4 OFFICIELLT STÖD FÖR SVERIGES SPRÅK

Som tidigare nämnts har svenska fram till nyligen inte haft något *de jure* erkännande som officiellt språk i Sverige, och även om detta sedan 1917 varit fallet i Finland, har myndigheterna i allmänhet inte blandat sig i själva språkets utveckling eller karaktär.

Svenska blev officiellt språk i Sverige först 2009, en status som minoritetsspråken fick redan 1999.

Officiella eller halvofficiella organisationer, såsom Klarspråksgruppen, Svenska Akademien och Svenska språknämnden har dock engagerat sig i språkvårdsfrågor, och deras rekommendationer ses ofta som officiellt sanktionerade. I Finland spelar Institutet för de inhemska språken en liknande roll. 2006 bildades så på initiativ av den svenska regeringen Språkrådet, som kallar sig självt för "Sveriges officiella organ för språkvård och språkpolitik". Sin uppgift beskriver man som att "bedriva språkvård och på vetenskaplig grund öka, levandegöra och sprida kunskaper om språk, dialekter, folkminnen, namn och språkligt burna kulturarv i Sverige". På den engelskspråkiga versionen av rådets hemsida (http://www.sprakradet.se/international) nämner man även bland sina uppgifter att bevaka statusen och användandet av språken i Sverige (de officiellt erkända samt svenskt teckenspråk), och att verka för nordisk språklig sammanhållning.

Härutöver finns ett antal privata initiativ, som i allmänhet ägnar sig åt att bekämpa anglicismer och engelskans utbredning på svenskans bekostnad. Det mest aktiva av dessa förefaller vara Språkförsvaret, som ibland hörs i den offentliga debatten.

3.5 SPRÅK I UTBILDNINGSSYSTEMET

Utbildningssystemet i Sverige och Svenskfinland fungerar i huvudsak på svenska, men oro uttrycks ibland för engelskans frammarsch. Universitetsutbildning på engelska är ingen ovanlighet, och på en del institutioner bedrivs undervisningen rentav huvudsakligen på engelska, tämligen oberoende av närvaron av utländska gäststuderande [8, 25, 29f]. 1999 fick 2–3 % av grundskoleeleverna sin skolgång på ett annat språk än svenska, vilket i tre fjärdedelar av fallen betydde engelska [8, 18f]. Denna företeelse tycks inte ha kartlagts vidare under det gångna årtiondet, men Falk påpekade att andelen var stigande. Hon citerade också studier som visade att dessa skolbarn var sämre på svenska än sina kamrater i svenskspråkiga skolor [8, 19].

Det finns även ett mindre antal grundskolor som använder andra språk (tyska, franska, finska ...) som sitt huvudsakliga undervisningsspråk. Särskilda finskspråkiga klasser har funnits (och gör det fortfarande, om än i mer begränsad utsträckning) i det kommunala skolsystemet. Därtill kommer sameskolorna, som bedriver sin verksamhet på svenska och samiska, samt dövskolor, som använder sig av svenskt teckenspråk. De offentliga skolornas användande av andra språk än svenska har emellertid huvudsakligen begränsats att utanför ordinarie lektionstid erbjuda modersmålsundervisning för invandrarbarn. Sådan undervisning föreläggs skolan om ett visst antal därtill berättigade barn visar intresse för den. Berättigandet bygger på att språket i fråga aktivt används i barnets hemmiljö. Värt att notera är att det alltså här rör sig om språk andra än de officiella. De erkända minoritetsspråken är dock gynnade genom att det för dessa inte behövs mer än en enstaka individ för att skolan ska vara tvungen att erbjuda modersmålsundervisning.

I Finland erbjuds svenskspråkig undervisning från förskole- till universitetsnivå på orter där det finns en svenskspråkig befolkningsgrupp. Majoriteten av studenterna är givetvis finlandssvenskar, men en del skolor har även ett betydande inslag av återinvandrade finnar från Sverige, samt av finländska barn från rent finskspråkiga hem – i det senare fallet handlar det om att föräldrarna vill ge sina barn ett extra språk "gratis". Ibland har oro uttryckts för att dessa, med sin avsaknad av tidigare svenskkunskaper, skulle kunna agera "trojansk häst", och i praktiken främja införandet av finska som huvudspråk, om inte i klassrummet, så åtminstone på skolgården.

3.6 INTERNATIONELLA ASPEKTER

Utanför Sverige har svenska som sagt officiell status även i Finland, vars statistikmyndigheter räknar 290 000 modersmålstalare (motsvarande ca 5,5 % av landets befolkning). Detta antal har stadigt sjunkit sedan andra världskriget, och andelen har minskat ända sedan 1600-talet, då de utgjorde 16,5 % av finländarna.

Även om den ibland ifrågasätts, är svenskans status i Finland anmärkningsvärt stark med tanke på dels minoritetens storlek och dels svenskans ringa internationella gångbarhet (i juridiska termer handlar det inte ens om en minoritet, utan om talare av det ena av republikens två "inhemska språk", vilka i teorin är helt likställda). Alla finskspråkiga måste studera svenska, även om detta givetvis inte med automatik innebär att de lämnar skolsystemet med solida kunskaper i språket. De flesta gör det faktiskt inte, men i en av EU initierad enkätundersökning [10] ansåg ändå 38 % av finländarna med finska som modersmål att de var förmögna att föra ett samtal på svenska, vilket under omständigheterna inte kan betraktas som en påfallande låg siffra.

Engelska är det helt dominerande främmande språket i Sverige.

Inhemska svensktalande minoriteter är här (godtyckligt) definierade som grupper där språket överlevt mer än tre generationsväxlingar hos en mer än försumbar befolkningsandel. Sådana grupper har även funnits i fyra andra (nuvarande) länder: Ryssland (små enklaver runt S:t Petersburg och i Karelen; huvudsakligen avknoppningar av den finlandssvenska befolkningen), USA (där språket i 1600-talskolonin Nya Sverige överlevde till strax efter 1800), Estland och Ukraina. Från Estland flydde dock majoriteten av de ca 8 000 estlandssvenskarna (som bott i landet sedan åtminstone 1200-talet) till Sverige under andra världskriget, och de kvarvarande uppgår till på sin höjd ett par dussin, snarare än hundratals eller tusentals. Den ukrainska gruppen härstammade från estlandssvenskar som deporterats på 1700-talet. De flesta av dessa flyttade till Sverige eller Nordamerika 1929, och bara en handfull finns kvar i Ukraina idag.

Förutom dessa grupper är svensktalande utanför Finland och Sverige relativt nyanlända invandrare eller personer som tillfälligtvis bor och arbetar utomlands. Deras antal är sannolikt runt 300 000 [11], och de är koncentrerade till främst övriga Norden, Västeuropa, USA, Kanada och Australien. Inte i något av dessa länder är dock deras befolkningsandel mer än högst försumbar.

Vad de svenskspråkigas kontakter med andra språkgrupper beträffar, kan först noteras att de allra flesta finlandssvenskar behärskar finska väl. Vad Sverige anbelangar, framgår det ur EU:s enkätunderökningar [12, 10] att 90 % av svenskarna anser sig vara kapabla att samtala på engelska, 28 % på tyska, och 10 % på franska. Under hela efterkrigstiden har engelska varit ett obligatoriskt skolämne, och de flesta skolbarn har därutöver studerat endera tyska eller franska (mer sällan båda).

Sverige handlar mest med Tyskland, följt av Norge, Danmark och Storbritannien.

En nylig undersökning (http://www.ef.se/epi/) visar att svenskarna inte bara talar engelska i högre utsträckning än de flesta andra EU-medborgare, utan också att de talar språket relativt väl. Konstant medieexponering är förstås en viktig anledning till detta, men något sådant stöd finns inte för tyska eller franska. 1994 upphöjdes spanska till samma status som de sistnämnda, alltså som möjligt tredje språk (efter svenska och engelska) i skolsystemet. Dess popularitet ökade explosionsartat, och det är numera ett vanligare val bland eleverna än både tyska och franska. Denna exempellösa framgång har i första hand skett på bekostnad av den tidigare stora tyskan.

2011 var Sveriges främsta handelspartner (enligt SCB – http://www.scb.se) i tur och ordning Tyskland, Norge, Danmark, Storbritannien, Nederländerna, Finland, USA, Frankrike, Belgien, Kina och Ryssland.

Svenskarna reser mycket och gärna, men använder troligen sällan andra språk än engelska i någon större utsträckning under sina utlandsvistelser. Likaså torde utländska turister i Sverige ha stora svårigheter att göra sig förstådda på något annat språk än engelska (förutom, givetvis, svenska).

I korthet består den språkliga vardagen för etniska svenskar i Sverige av två språk: svenska och engelska. Svenskarna är stolta över sina kunskaper i engelska, och inte utan viss rätt; de flesta talar det, och de gör det relativt bra. I ett internationellt (eller europeiskt) perspektiv är Sverige dock ovanligt genom att vara så beroende av ett enda lingua franca – EU-statistiken [10] visar att andra européer i större utsträckning har en mer varierad repertoar av främmande språk. När respondenterna tillfrågades huruvida de stödde tanken att (a) alla EU-medborgare skulle behärska ett främmande språk, samt (b) att alla skulle kunna två främmande språk, stödde svenskarna det förstnämnda helhjärtat, men motsatte sig det sistnämnda i högre utsträckning än någon annan nationalitet.

Globalt sett är svenska ett stort språk (mer än 98 % av världens 6 000–7 000 språk har färre talare). Dess närvaro i den offentliga miljön är dessutom ännu större än vad dess talarantal antyder. Svenska är i högsta grad ett välmående språk i Sverige (om än inte i lika hög grad i Finland), och på kort och medellång sikt är det på intet vis hotat. Även om den enda konkurrenten i Sverige är engelska, kan denna konkurrens inte negligeras. Engelska har redan en stark ställning i svenskarnas vardagsliv, och ingenting tyder på att denna skulle sluta öka.

3.7 SVENSKA PÅ INTERNET

Svenska har en framskjuten position på webben, och i de undersökningar som gjorts med avseende på detta, brukar svenskan normalt vara ett av de 15–20 mest välrepresenterade (se t. ex. [13, 63]).

Svenska är ett litet språk som är stort på webben.

Svenska är exempelvis för tillfället det elfte vanligaste språket på Wikipedia. Även med andra liknande mått på medienärvaro och styrka (filmindustri, ekonomisk makt, osv.) är svenska ett av de 20 största bland världens 6 000–7 000 språk, trots att det bara är det (ungefärligen) 85:e största i termer av antal modersmålstalare [13, 55–64]. Svenska är också det dominerande språket i svenska etermedier, inklusive de mest sedda/avlyssnade kanalerna. Det bör dock kommas ihåg att mycket av det utsända materialet är av utländskt ursprung, vilket i den överväldigande majoriteten av fall betyder anglosaxiskt. Svenskar är mer entusiastiska nätanvändare än de flesta andra nationaliteter, och mer än två tredjedelar av de vuxna använder internet dagligen [14]. 85 % av befolkningen i Sverige har bredbandsuppkoppling, och majoriteten är uppkopplade före fyra års ålder.

4

SPRÅKTEKNOLOGI FÖR SVENSKA

Språkteknologi används för att utveckla mjukvarusystem som ska hantera mänskligt språk på samma sätt som vi är vana att människor gör det. Mänskliga språk uppträder huvudsakligen i talad och skriven form, men även naturligt i form av teckenspråk, närhelst behovet uppstår. Talet och teckenspråket är visserligen de äldsta och i evolutionära termer mest naturliga formerna av språklig kommunikation, men när det gäller bevarande och överföring av komplext informationsinnehåll och det mesta av mänsklig kunskap, är skriften den språkform som dominerar scenen. Talteknologi och textteknologi hanterar språkets två huvudformer, med hjälp av lexikon, grammatikregler och betydelsebeskrivningar. Detta betyder att språkteknologi förbinder språket med olika typer av kunskap, oberoende av den modalitet (tal eller text) kunskapen uttrycks i (se fig. 2).

I vår kommunikation kombinerar vi språk med andra kommunikationskanaler och informationsmedier. Talet kombineras t. ex. med gester och ansiktsuttryck. Digital text kombineras med bilder och länkas till ljud och video. Filmer kan innehålla språk i talad och skriven form. Med andra ord överlappar och interagerar språkteknologi med andra teknologier för hantering och förmedling av multimodala och multimediala data.

Nedan ska vi ge en översikt över de huvudsakliga användningsområdena för språkteknologi, särskilt språkkontroll, webbsökteknologi, talad interaktion och maskinöversättning. Här ingår tillämpningar och basteknologier som exempelvis

- stavningskontroll
- skrivstöd vid textproduktion
- datorstödd språkinlärning
- informationssökning
- informationsextraktion
- textsammanfattning
- frågebesvarande system
- taligenkänning
- talsyntes

Språkteknologi är att väletablerat och livligt forskningsområde. För den som är intresserad av att få veta mer om detta vittförgrenade forskningsfält finns ett antal grundläggande och översiktliga arbeten, t.ex. [15, 16, 17, 18]. Innan vi övergår till att diskutera de specifika tillämpningsområdena närmare, ska vi beskriva hur ett typiskt språkteknologisystem är uppbyggt.

4.1 TILLÄMPNINGSARKITEKTURER

Programvara för hantering av språk består typiskt av ett antal urskiljbara moduler, som avspeglar olika aspekter av språket. Figur 3 visar i översiktlig och starkt förenklad form uppbyggnaden av ett typiskt textbearbetningssystem. De första tre modulerna svarar för att ta hand om den inkommande textens struktur och betydelse:

1. förbearbetning: "städar" texten, analyserar eller tar bort formateringsinformation, samt bestämmer vilket eller vilka textens språk är, etc.

2: Språkteknologi

2. grammatisk analys: hittar verbet och dess argument (subjekt, objekt, etc.) och andra satsdelar, och utför en grammatisk analys av meningsstrukturen.
3. semantisk analys: disambiguerar flertydiga uttryck (d.v.s. bestämmer vilken betydelse uttrycket har i den aktuella kontexten), hanterar koreferens, alltså avgör vilka pronomen och substantiv som refererar till samma sak, samt representerar språkliga uttrycks betydelse i en form som kan hanteras av datorprogram.

Efter denna grundläggande textanalys kan specaliserade moduler ta sig an specifika uppgifter, t. ex. automatisk textsammanfattning eller databassökning.

I nästa avsnitt beskriver vi översiktligt några centrala användningsområden för språkteknologi. Därefter följer en översikt över aktuell språkteknologiforskning och -utbildning i Sverige samt över tidigare och nuvarande forskningsprogram. Slutligen presenterar vi en expertuppskattning av tillgången till centrala språkteknologiverktyg och -resurser för svenska, i termer av sådana faktorer som tillgänglighet, mognad och kvalitet. I slutet av detta avsnitt ges en sammanfattande lägesöversikt i en tabell (figur 9 på sidan 29). Tillämpningar och resurser som i texten återges med fetstil återfinns även i denna tabell. Dessutom finns i slutet av detta avsnitt en jämförelse mellan svenska och de andra språken i vitboksserien med avseende på tillgången till språkteknologiresurser.

4.2 CENTRALA ANVÄNDNINGSOMRÅDEN

Här fokuserar vi på de mest centrala tillämpningarna och resurserna samt ger en överblick över aktiviteter inom språkteknologiområdet i Sverige.

4.2.1 Språkgranskning

De flesta ordbehandlingsprogram har numera en stavningskontrollfunktion som markerar felstavningar och föreslår korrekta alternativ. De tidigaste stavningskontrollprogrammen jämförde en lista över orden i texten med en inbyggd lista över rättstavade ord. Dagens språkgranskningsverktyg är mycket mer avancerade. Med hjälp av språkspecifik **grammatisk analys** kan de upptäcka fel både i ordböjning (t. ex. felaktiga pluralformer) och i satsbyggnad, exempelvis att verb saknas i en mening eller att fel artikel- eller adjektivform används med ett substantiv (t. ex. **en *stor fordon*). Däremot kommer ett språkgranskningsprogram troligen inte att hitta några fel i följande text [19]:

> I have a spelling checker,
> It came with my PC.
> It plane lee marks four my revue
> Miss steaks aye can knot sea.

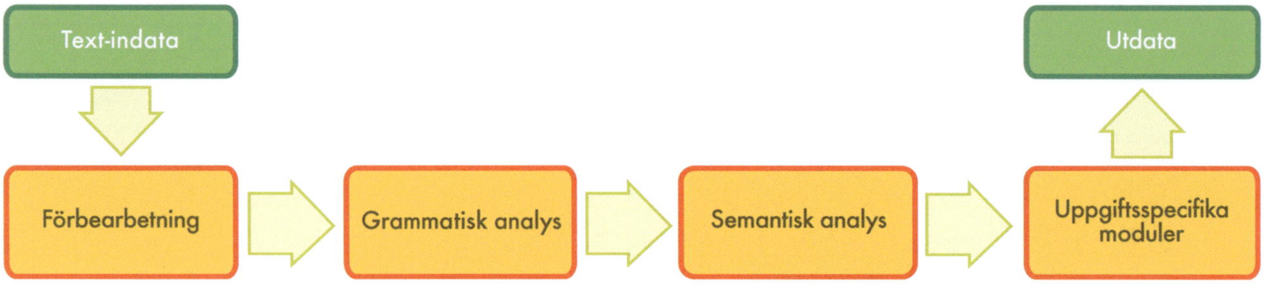

3: En vanlig applikationsarkitektur för textbearbetning

För att programmet ska kunna hitta denna typ av fel krävs i regel en analys av kontexten, som i följande exempel där kontexten hjälper oss att avgöra om det sista pronomenet i meningen ska vara ental (singular) eller flertal (plural):

- *Faxen* [maskin] blev tydligen *skickad* [ENTAL] förra veckan, men jag har inte sett *den*.
- *Faxen* [meddelanden] blev tydligen *skickade* [FLERTAL] förra veckan, men jag har inte sett *dem*.

För en analys av den här typen behövs antingen språkspecifika **grammatiker**, formulerade och kodade för språkteknologimjukvaran av experter – en mycket arbetskrävande procedur – eller en statistisk språkmodell. I det senare fallet beräknar modellen sannolikheten för ett visst ord i en viss position (t. ex. mellan två andra ord). Till exempel: *sölig bardisk* är en mycket sannolikare ordsekvens än *sölig bar disk* (med särskrivning av sammansättningsleden). En sådan statistisk språkmodell kan skapas automatiskt utifrån stora mängder (korrekt) text, en **textkorpus**. Oavsett vilken metod som används, har de flesta tillämpningarna utvecklats för engelska, och det behöver inte med nödvändighet vara så att de utan vidare kan användas på svensk text, eftersom svenska uppvisar större frihet i ordföljden och använder en stor mängd sammansättningar.

Språkgranskning används inte bara i ordbehandlingsprogram. Språkgranskningsverktyg återfinns även integrerade i form av skrivstödsfunktioner i system för dokumentproduktion, d.v.s. system avsedda för produktion av standardiserade manualer och annan dokumentation för exempelvis komplexa produkter och system inom IT, vård och industri. I syfte att undvika kundklagomål om användningssvårigheter och skadeståndskrav som ytterst beror på svårbegripliga instruktioner, fokuserar företag i ökande grad på kvaliteten i sin dokumentation, samtidigt som de i ökande grad riktar sig till en internationell marknad (med åtföljande översättning och lokalisering av produkter och dokumentation). Språkteknologiska komponenter i systemen för dokumentproduktion hjälper därvid de tekniska skribenterna att använda det ordförråd och den meningsbyggnad och övriga språkliga strukturer som föreskrivs i företags- och branchspecifika skrivregelsamlingar.

Språkgranskning – från ordbehandling till generellt skrivstöd.

Det finns ett litet antal svenska företag som använder eller erbjuder produkter och tjänster av detta slag, däribland Scania och några mindre språkteknologiföretag. Språkgranskning används dock inte enbart i stavningskontrollprogram och system för dokumentproduktion. Den förekommer även i datorstödd språkinlärning och för att föreslå alternativa (korrigerade) sökord i sökmotorer, som Googles *Menade du …*-förslag.

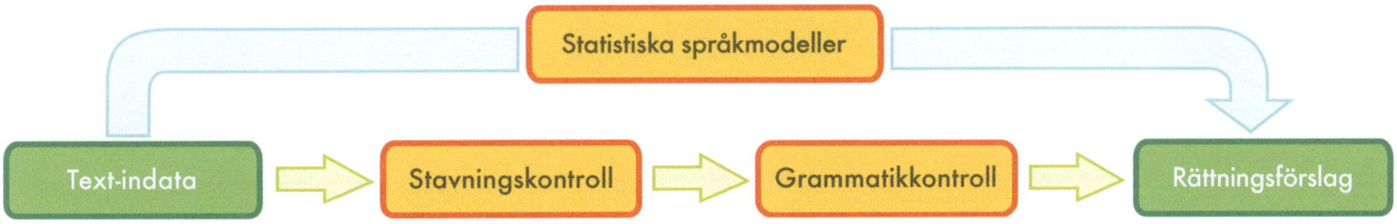

4: Språkkontroll (överst: statistisk, underst: regelbaserad)

Oribi (http://www.oribi.se) är ett svenskt småföretag som utvecklar datorstöd – bl.a. stavningskontroll och ordprediktion – för personer med läs- och skrivsvårigheter.

4.2.2 Sökning på webben

Sökning på webben, i intranät eller i digitala bibliotek är förmodligen den mest spridda tillämpningen av språkteknologi idag, samtidigt som den paradoxalt nog är relativt underutvecklad i det avseendet. Googles sökmotor, som introducerades 1998, svarar idag för ungefär 80 % av alla sökningar på webben [20]. Verbet *googla* återfinns redan i svenska ordböcker (t. ex. i senaste upplagan av SAOL). Googles sökgränssnitt och träffsida har inte förändrats i grunden sen den första versionen. Däremot har man infört både stavningskorrigering och en rudimentär semantisk sökning som bygger på en kontextuell analys av sökorden i relation till andra ord i sökfrågan [21]. Googles framgångar visar hur tillgång till stora datamängder i kombination med effektiva indexeringstekniker och statistiskt baserad språkteknologi kan producera godtagbara resultat för denna typ av sökningar på webben.

När informationsbehoven växer i komplexitet blir det dock viktigt att kunna bygga in mer språkkunskap i systemen för att kunna tolka sökfrågorna och texten i de dokument som söks fram. Här har man experimenterat med att använda den semantiska informationen i **lexikonresurser** (t. ex. maskinläsbara begreppsordböcker – tesaurusar – som WordNet för engelska eller SALDO för svenska [22]) och därvid lyckats förbättra sökresultaten genom att använda synonymer till de ursprungliga sökorden, t. ex. *atomkraft*, *kärnkraft* and *kärnenergi*, eller rentav bara mer löst relaterade ord (som *fission* eller *reaktor*).

Nästa sökmotorgeneration behöver mycket mer sofistikerad språkteknologi.

Nästa generation av sökmotorer måste använda mycket mer sofistikerad språkteknologi, särskilt för att hantera sökfrågor formulerade som riktiga frågor eller uppmaningar snarare än som en mängd sökord. För en sökfråga som *Ge mig en förteckning över alla företag som har köpts upp av andra företag under de senaste fem åren*, krävs både en syntaktisk och en **semantisk analys**. Ett söksystem måste även indexera dokumentsamlingen för att snabbt hitta de relevanta dokumenten. För att komma fram till ett svar på frågan behöver sökmotorn analysera dess grammatiska struktur för att förstå att vad som efterfrågas är de företag som har blivit uppköpta och inte de företag som stått för uppköpen. För att kunna tolka uttrycket *de senaste fem åren* måste systemet bestämma vilket tidsintervall det handlar om och förstå att innevarande år ska räknas med i det. Frågan ska sedan matchas mot en mycket stor mängd texter för att finna informationsfragment som tillsammans kan användas för att sätta ihop ett svar. Matchningsprocessen kallas informationssökning och inbegriper bland annat metoder för att söka igenom dokumentsamlingen och rangordna

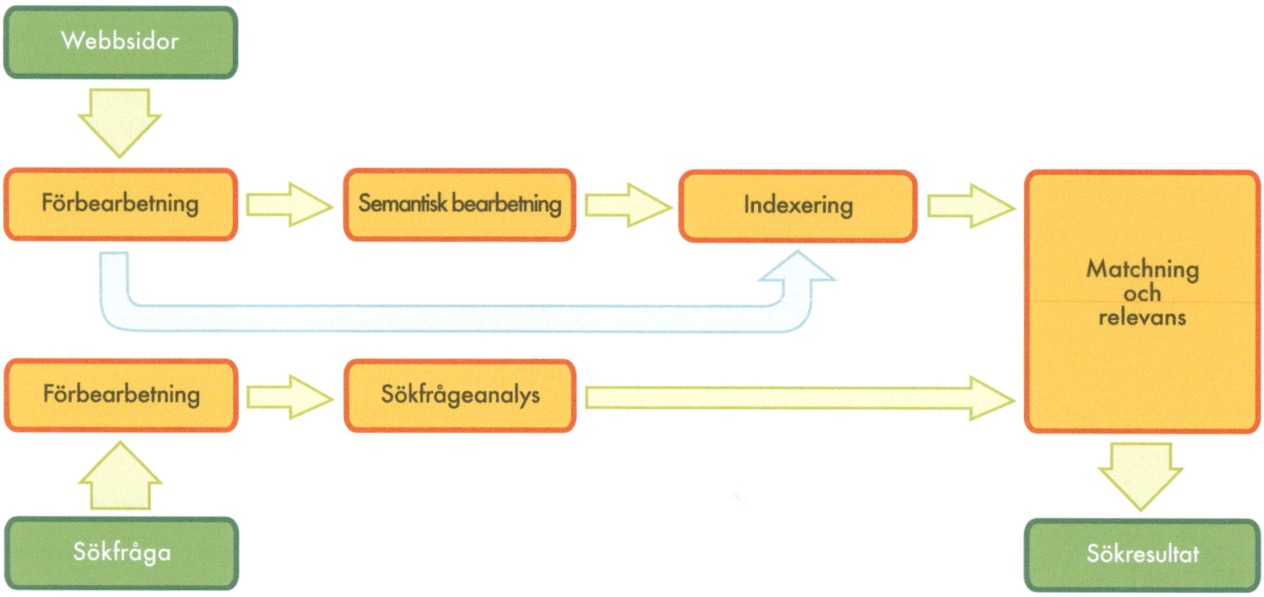

5: Webbsökning

sökträffarna. För att sammanställa den efterfrågade förteckningen över företag, måste systemet känna igen de ordföljder i dokumenten som utgör företagsnamn genom en process som brukar kallas namnigenkänning.

En ännu större utmaning består i att matcha en sökfråga på ett språk med dokument på ett annat språk. Tvärspråklig informationssökning innefattar översättning av sökfrågan till alla språk som förekommer i dokumentsamlingen samt översättning av de funna dokumenten till användarens språk. Utvecklingen går snabbt därhän att alltmer information på webben är multimedial, vilket skapar ett behov av motsvarande sökfunktioner direkt i bild-, ljud- och videodata. I ljud- och videodata måste en taligenkänningsmodul användas för att omvandla talat språk till text, som sedan kan matchas mot en sökfråga. Både allmänna teknologier med öppen källkod som Lucene och SOLr och internationella söklösningar som FAST och Exalead används flitigt av företag som grundkomponenter i specialiserade söklösningar. Utvecklingen fokuserar i sådana företag på att tillhandahålla tilläggsmoduler och avancerade sökmotorer för webbportaler genom att utnyttja ämnesspecifik semantisk information. Eftersom detta innebär mycket resurskrävande bearbetningar, är sådana sökmotorer ekonomiskt realistiska endast med relativt små textkorpusar. Bearbetningstiden kan lätt bli flera storleksordningar större än för en statistiskt baserad sökmotor som Google. Detta tillsammans med behovet av relativt omfattande ämnesspecifik domänmodellering gör att denna teknologi för närvarande inte skalar upp för användning på webben som helhet.

I Sverige gjorde Hapax (http://www.hapax.com; nu OpenAmplify) en stor satsning på att utveckla denna typ av teknologi under åren 2000–2005. Ett företag som använder språkteknologi i flerspråkiga söklösningar framför allt för företagsintranät är Findwise (http://www.findwise.com). Ett relativt nystartat svenskt företag är Gavagai (http://www.gavagai.se).

4.2.3 Talad interaktion

Talad interaktion – dialoger mellan människor och datorsystem av olika slag – är ett tillämpningsområde för

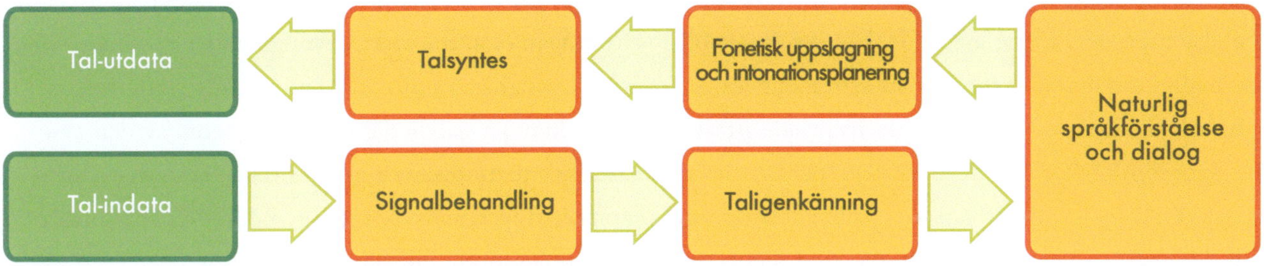

6: Talbaserad dialogarkitektur

talteknologi, alltså att få datorer att förstå och producera talat språk. Talteknologi används för att utveckla gränssnitt som låter användarna tala med tillämpningarna istället för att använda bildskärm, tangentbord och mus för interaktionen. Idag återfinner vi sådana talgränssnitt eller dialogsystem i delvis eller helt automatiserade talsvarstjänster, framför allt hos företag inom bank-, leverantörs-, transport- och telekommunikationssektorerna. Talgränssnitt förekommer även exempelvis i GPS-system i bilar samt som ett alternativ till pekskärmen i smarttelefoner. Talgränssnitt eller dialogsystem omfattar följande fyra forskningsområden:

1. Automatisk **taligenkänning** (*Automatic Speech Recognition: ASR*) omvandlar den ljudföljd som användaren yttrar till den mest sannolika ordsekvensen med hjälp av en statistisk modell.
2. Språkanalys bestämmer yttrandets grammatiska struktur samt tolkar användarens yttrande i relation till det aktuella systemet, med hjälp av regler och/eller statistik.
3. Dialoghantering avgör på grundval av det analyserade yttrandet och dialoghistorik vilken systemfunktion som ska aktiveras.
4. **Talsyntes** (text-till-tal; *Text-to-Speech: TTS*) genererar en talad version av systemets svar.

En av de största utmaningarna för taligenkänningssystem är att med godtagbar noggrannhet avgöra vilka ord en användare har yttrat. Det kan göras genom att begränsa tillåtna yttranden till en liten mängd nyckelord eller genom att manuellt skapa språkmodeller som täcker en stor mängd yttranden och talare. Med maskininlärningstekniker kan sådana språkmodeller även skapas automatiskt från taladatabaser eller **talkorpusar**, d.v.s. stora samlingar transkriberade taldata. Om man begränsar mängden yttranden som ett taligenkänningssystem kan hantera, leder detta inte sällan till att interaktionen uppfattas som styltad vilket kan påverka acceptansen för gränssnittet negativt. Å andra sidan är det förknippat med betydande kostnader att skapa, anpassa och underhålla omfattande språkmodeller. Dialogsystem som inkluderar språkmodeller (normalt automatiskt skapade från talkorpusar) och som tillåter användarna att uttrycka sina önskemål på ett mer varierat sätt – t. ex. genom att inleda dialogen med *Hur kan jag stå till tjänst?* – tenderar att accepteras bättre av användarna.

Talteknologi används för att utveckla gränssnitt som låter användarna tala med tillämpningarna istället för att använda bildskärm, tangentbord och mus för interaktionen.

I kommersiella system används ofta yttranden inlästa av professionella inläsare för att generera talgränssnittets svar. Om svaret inte ska innehålla någon del som är beroende av den specifika kontexten eller av användardata, utan ett inspelat yttrande kan återanvändas i sin helhet, kan en rik användarupplevelse uppnås. Om svaret däremot ska anpassas i något avseende, kan resultatet bli undermåligt om detta för med sig att systemet behöver klippa och klistra ihop bitar av de olika inspelade yttranden, något som kan leda till att resultatet får en onaturlig satsmelodi. Även om talsyntessystemen blir allt bättre på att på detta sätt generera yttranden som låter naturliga, finns det fortfarande mycket utrymme för förbättring inom detta område.

De komponenter som ingår i ett typiskt talgränssnitt på dagens marknad har genomgått en långt driven standardisering under det senaste årtiondet. Marknaden för taligenkänning och talsyntes har också konsoliderats starkt under samma tid. I G20-länderna (starka ekonomier med stor befolkning) har de nationella marknaderna dominerats av fem globala företag, med Nuance (USA) och Loquendo (Italien) som de mest framträdande. En ytterligare konsolidering av marknaden skedde 2011, då Nuance köpte upp Loquendo.

På den svenska marknaden finns talsyntesröster för svenska utvecklade av bl.a. Stockholmsföretaget Acapela och det statliga Talboks- och punktskriftsbiblioteket (TPB). Det finns också en stark svensk talteknologiforskning, med centrum vid KTH i Stockholm (som har utvecklat ett antal egna system).

Marknaden för dialoghanteringsteknologi domineras starkt av nationella, ofta små företag. De viktigaste aktörerna på den svenska marknaden är idag Artificial Solutions och SpeechCraft. Bland mindre företag på den svenska marknaden kan nämnas Talkamatic (http://www.talkamatic.se), som utvecklar dialogsystem åt fordonsindustrin för användning i bilar. Dessa företag bygger inte i första hand på utlicensiering av sin mjukvara, utan de levererar hela talgränssnitt för integrering i specifika systemmiljöer. Slutligen kan nämnas att det ännu inte har uppstått någon riktig marknad för de grammatiska och semantiska analysteknologierna i dialogsystem.

När det gäller faktisk användning av talgränssnitt har efterfrågan ökat drastiskt i Sverige under de senaste 10 åren. Detta har framför allt betingats av slutkundernas ökade krav på självbetjäningsmöjligheter, av den avsevärda kostnadsoptimeringspotentialen i talsvarstjänster, samt ökad acceptans för tal som medium för människa-datorinteraktion. En viktig katalysator har också varit inrättandet av den svenska nationella forskarskolan i språkteknologi (*Graduate School of Language Technology: GSLT*) och därmed uppkomsten av ett livaktigt nationellt nätverk av språkteknologiforskare, industriaktörer och företagskunder. GSLT har i samarbete med andra organiserat nationella workshopar och inbjudit industrirepresentanter att hålla seminarier för de forskarstuderande. De akademiska forskningsmiljöerna CLT (*Centre for Language Technology*) i Göteborg och Institutionen för tal, musik och hörsel vid KTH i Stockholm har deltagit aktivt i dessa aktiviteter för att sprida kunskap om talgränssnitts- och dialogteknologier bland svenska företag.

Vi ser nu en utveckling där smarttelefoner håller på att etablera sig som en ny viktig plattform för kundrelationer, i tillägg till fast telefoni, internet och epost. Detta kommer också att påverka användningen av talteknologi. På längre sikt kommer vi att se fler talsvarssystem på fler områden, och talbaserade appar kommer att spela en betydligt större roll som användarvänliga gränssnitt i smarttelefoner. Denna utveckling kommer att drivas på av den ständiga förbättring av talaroberoende taligenkänning som möjliggörs genom de stora mängder taldata som ackumuleras i de centraliserade dikteringstjänster som redan är tillgängliga för smattelefonanvändare.

4.2.4 Maskinöversättning

Idén att datorer skulle kunna översätta automatiskt mellan olika språk lanserades redan i datorernas barndom 1946. Under 1950-talet och återigen under 1980-talet har betydande summor satsats på forskning i **maskinöversättning**, men trots det kan datorer fortfarande inte uppfylla det gamla löftet om generell automatisk översättning.

Den enklaste maskinöversättningsmetoden är helt enkelt att byta ut varje källspråksord mot motsvarande målspråksord.

Den enklaste metoden för maskinöversättning är helt enkelt att orden i källspråkstexten byts ut mot motsvarande ord i målspråket. Detta kan fungera i mycket begränsade domäner med formelartat språk, som t. ex. väderleksrapporter. Vill man prestera översättningar av god kvalitet av mindre begränsade texter är det nödvändigt att passa ihop större språkliga enheter (fraser, meningar eller ibland även längre textavsnitt) med deras närmaste motsvarigheter i målspråket. Den största stötestenen är att våra språk är fulla av flertydigheter, vilket leder till komplikationer på alla språkliga nivåer. Det kan handla om enstaka ord – här talar man om lexikal disambiguering (en *jaguar* kan vara en bil eller ett djur) – eller om frågan om vilken roll ett prepositionsuttryck spelar i satsen, attribut eller adverbial, till exempel:

- *Polisen betraktade mannen med kikaren.*
- *Polisen betraktade mannen med revolvern.*

Ett maskinöversättningssystem kan byggas med hjälp av språkliga regler (en grammatik). För översättning mellan närbesläktade språk kan en ord-för-ord- eller fras-för-fras-översättning som den som skisserades ovan fungera väl. Regelbaserade maskinöversättningssystem fungerar dock normalt så att de analyserar källspråkstexten och skapar en mellanliggande symbolisk representation som sen kan ligga till grund för generering av målspråkstexten. Hur bra ett regelbaserat system fungerar är ytterst beroende på tillgänglighet och kvalitet hos stora lexikonresurser med morfologisk, syntaktisk och semantisk information, samt omfattande uppsättningar av grammatikregler (för både analys och generering) noggrant formulerade av språkvetare. Detta är en omfattande och därmed mycket kostsam arbetsinsats.

Mot slutet av 1980-talet, när datorerna snabbt blev snabbare och billigare, började intresset växa för tillämpningen av statistiska modeller i maskinöversättning. Dessa är resultatet av analys av tvåspråkiga textkorpusar, **parallellkorpusar**, exempelvis Europarlkorpusen, som innehåller Europaparlamentets protokoll på 21 EU-språk. Med tillräckligt stora datamängder till sitt förfogande kan statistisk maskinöversättning ge ett godtagbart resultat. Man får en ungefärlig version av källspråkets text som är resultatet av statistisk analys av parallella texter och identifiering av troliga ordmönstermotsvarigheter. I motsats till kunskapsbaserade system producerar dock statistisk (eller datadriven) maskinöversättning ofta icke-välformat (ogrammatiskt) språk. Datadriven maskinöversättning har den fördelen att den kräver betydligt mindre manuell arbetsinsats och den kan också uppvisa bättre täckning av vissa specifika språkfenomen – exempelvis idiomatiska uttryck – som ofta behandlas styvmoderligt i kunskapsbaserade system.

Kunskapsbaserade och datadrivna maskinöversättningssystem tenderar att uppvisa komplementära styrkor och brister. Därför fokuserar dagens forskning inom området på att utveckla hybridsystem där de två metoderna kombineras, t. ex. genom att låta ett system av varje slag översätta samma text och tillföra en urvalsalgoritm som för varje översatt mening väljer den bästa översättningen enligt något formaliserbart kriterium. Det visar sig dock att för längre meningar (t. ex. mer än 12 ord långa) blir resultatet ofta undermåligt oavsett vilket system det gäller. En mer effektiv lösning är istället att kombinera ihop de bästa delarna från samma mening översatt med två eller flera olika system, en procedur som kan bli mycket komplex, eftersom det inte alltid är uppenbart vilka delar som motsvarar varandra,

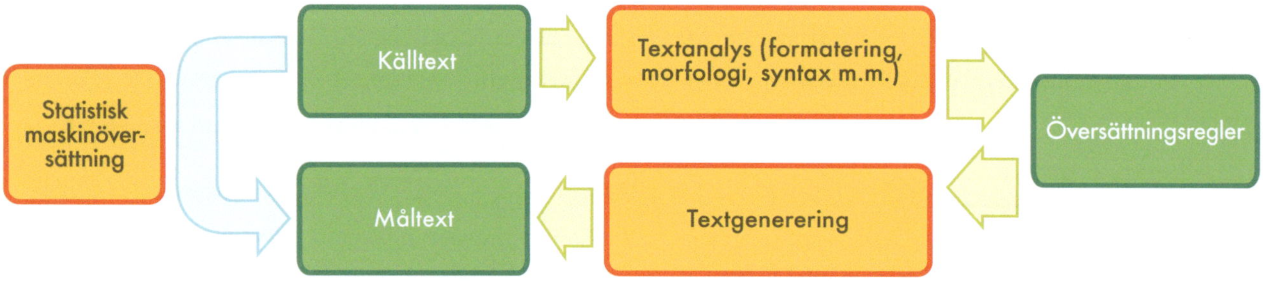

7: Maskinöversättning (till vänster: statistisk, till höger: regelbaserad)

utan man behöver ta till samma typ av metoder som används för att hitta översättningsmotsvarigheter i parallelltexter.

Svenskan erbjuder flera utmaningar för maskinöversättning. I ordbildningssystemet leder möjligheten att fritt bilda nya tillfälliga sammansättningar till svårigheter för den lexikala analysen. I grammatiken gör den friare ordföljden det svårare att identifiera satsens huvudled och växlingen i partikelverb mellan fristående partiklar i vissa former och bundna prefix i andra komplicerar den lexikala analysen.

För närvarande ingår svenska i språkutbudet för ett litet antal maskinöversättningssystem och bara några av de större kommersiella aktörerna på marknaden arbetar aktivt med utveckling av maskinöversättning till och från svenska. Det finns även några mindre företag på området, t. ex. Convertus AB (http://www.convertus.se).

> Svenskan erbjuder flera utmaningar för maskinöversättning.

Maskinöversättning kan öka produktiviteten avsevärt under förutsättning att systemen kan anpassas med avseende på terminologi och integrering i arbetsflödet. Kommersiella aktörer har utvecklat specialsystem för interaktivt översättningsstöd. Språkportaler ger tillgång till allmänna lexikonresurser och företagsspecifika terminologiresurser, översättningsminnen och maskinöversättningsfunktioner. Ett svenskt småföretag som specialicerat sig på flerspråkig terminologiutvinning och terminologihantering är Fodina Language Technology (http://www.fodina.se).

Förbättringspotentialen för maskinöversättningssystem är fortfarande enorm. Bland utmaningarna kan nämnas anpassning av språkresurser till en viss domän eller ett visst användningsområde, samt integrering av teknologin i arbetsflöden där man redan använder sig av termbaser och översättningsminnen. Ett annat problem är att de flesta systemen är inriktade på engelska och stöder på sin höjd översättning av något enstaka språk till och från svenska direkt. Detta leder till ineffektivitet i översättningsarbetet eftersom flera olika system behöver användas parallellt (beroende på det aktuella språkparet) med olika verktyg och konventioner för exempelvis tillägg av lexikal information.

Utvärderingskampanjer underlättar kvalitetsjämförelser mellan maskinöversättningssystem och maskinöversättningsmetoder samt jämförelser mellan status för olika språkpar. I figur 8 från EU-projektet EuroMatrix+ ser vi resultaten av maskinöversättning mellan alla par av 22 av de 23 officiella EU-språken (iriska var inte med i jämförelsen). Resultaten ges i form av BLEU-poäng [23]. BLEU är en helautomatisk utvärderingsmetod för maskinöversättning som ger en grov uppskattning av kvaliteten hos en översättning. Bättre översättningar får högre poäng, och en mänsklig översättare borde normalt hamna på ungefär 80 BLEU-poäng.

De bästa siffrorna (gröna och blå) finner vi för språk där man har lagt ner betydande forskningsinsatser i samordnade forskningsprogram och där man dessutom förfogar över många och stora parallellkorpusar (t. ex. engelska, franska, nederländska, spanska och tyska). De språk som uppvisar sämre resultat (återgivna med röda siffror) är sådana där antingen utvecklingsinsatserna saknas delvis eller helt, eller där språken i strukturellt hänseende skiljer sig starkt från de övriga (t. ex. ungerska, maltesiska och finska).

4.3 ANDRA ANVÄNDNINGSOMRÅDEN

Utvecklingen av språkteknologitillämpningar omfattar ett antal grundläggande funktioner eller moduler, som många gånger är osynliga för användaren, men som svarar för oundgängliga nyckelfunktioner "bakom kulisserna" i systemen. Samtidigt innebär var och en av dem ett viktigt forskningsproblem som nu utgör ett eget delområde av språkteknologin.

Språkteknologikomponenter svarar ofta för nyckelfunktioner bakom kulisserna i stora mjukvarusystem.

Frågebesvarande system är sålunda ett aktivt forskningsområde, där annoterade korpusar har tagits fram och där forskarna jämför sina resultat i tävlingsform. Frågebesvarande innebär här något utöver nyckelordsbaserad sökning av den sort som vi är vana vid från webbsökmotorer, där det "svar" som avges är en samling förhoppningsvis relevanta dokument. Istället ska användaren kunna ställa en konkret fråga och få ett enda (korrekt) svar av systemet. Till exempel:

Fråga: Hur gammal var Neil Armstrong, då han för första gången satte ned foten på månens yta?

Svar: 38 (år).

Även om frågebesvarande hör intimt ihop med det centrala tillämpningsområdet informationssökning på webben, är det idag närmast en paraplyterm för en rad forskningsfrågor, som exempelvis: vilka olika frågetyper man kan räkna med och hur de olika typerna ska hanteras, hur en dokumentmängd där svaret eventuellt döljer sig kan analyseras och dokumentens innehåll jämföras (vad händer t. ex. om olika dokument ger motstridiga svar?), samt hur svaret kan extraheras ur ett dokument utan att man ignorerar kontexten.

Frågebesvarande har även mycket gemensamt med informationsextraktion (IE), ett område som kom att växa starkt i popularitet och inflytande i samband med att språkteknologin kom att domineras av statistiska ansatser vid början av 1990-talet. Målet med IE är att identifiera specifika sakuppgifter i vissa typer av dokument, t. ex. huvudaktörerna i tidningsartklar om företagsförvärv. En annan domän som har studerats ingående är nyhetsrapporter om terroristdåd. Här ska IE-systemet fylla i ett scenarioschema med lämpliga bitar ur texten. Schemat har fält för utföraren av dådet, målet, tidpunkten, platsen och resultatet. IE är i princip synonymt med detta domänspecifika schemaifyllande, och det är därmed ytterligare ett bra exempel på en teknologi som lever bakom kulisserna och som i praktiken behöver en större tillämpningskontext för att bli meningsfull.

Textsammanfattning och **textgenerering** är två teknologier som både förekommer som fristående tillämpningar och som stödfunktioner i andra tillämpningar. Textsammanfattning går ut på att i komprimerad form återge de viktigaste punkterna i en lång text. Det är en av hjälpfunktionerna i Microsoft Word (dock inte för alla språk). Normalt fungerar textsammanfattning så att man med en statistisk metod identifierar de "viktigaste" orden i texten (d.v.s. ord som är karakteristiska för tex-

Målspråk – Target language																						
	EN	BG	DE	CS	DA	EL	ES	ET	FI	FR	HU	IT	LT	LV	MT	NL	PL	PT	RO	SK	SL	SV
EN	–	40,5	46,8	52,6	50,0	41,0	55,2	34,8	38,6	50,1	37,2	50,4	39,6	43,4	39,8	52,3	49,2	55,0	49,0	44,7	50,7	52,0
BG	61,3	–	38,7	39,4	39,6	34,5	46,9	25,5	26,7	42,4	22,0	43,5	29,3	29,1	25,9	44,9	35,1	45,9	36,8	34,1	34,1	39,9
DE	53,6	26,3	–	35,4	43,1	32,8	47,1	26,7	29,5	39,4	27,6	42,7	27,6	30,3	19,8	50,2	30,2	44,1	30,7	29,4	31,4	41,2
CS	58,4	32,0	42,6	–	43,6	34,6	48,9	30,7	30,5	41,6	27,4	44,3	34,5	35,8	26,3	46,5	39,2	45,7	36,5	43,6	41,3	42,9
DA	57,6	28,7	44,1	35,7	–	34,3	47,5	27,8	31,6	41,3	24,2	43,8	29,7	32,9	21,1	48,5	34,3	45,4	33,9	33,0	36,2	47,2
EL	59,5	32,4	43,1	37,7	44,5	–	54,0	26,5	29,0	48,3	23,7	49,6	29,0	32,6	23,8	48,9	34,2	52,5	37,2	33,1	36,3	43,3
ES	60,0	31,1	42,7	37,5	44,4	39,4	–	25,4	28,5	51,3	24,0	51,7	26,8	30,5	24,6	48,8	33,9	57,3	38,1	31,7	33,9	43,7
ET	52,0	24,6	37,3	35,2	37,8	28,2	40,4	–	37,7	33,4	30,9	37,0	35,0	36,9	20,5	41,3	32,0	37,8	28,0	30,6	32,9	37,3
FI	49,3	23,2	36,0	32,0	37,9	27,2	39,7	34,9	–	29,5	27,2	36,6	30,5	32,5	19,4	40,6	28,8	37,5	26,5	27,3	28,2	37,6
FR	64,0	34,5	45,1	39,5	47,4	42,8	60,9	26,7	30,0	–	25,5	56,1	28,3	31,9	25,3	51,6	35,7	61,0	43,8	33,1	35,6	45,8
HU	48,0	24,7	34,3	30,0	33,0	25,5	34,1	29,6	29,4	30,7	–	33,5	29,6	31,9	18,1	36,1	29,8	34,2	25,7	25,6	28,2	30,5
IT	61,0	32,1	44,3	38,9	45,8	40,6	26,9	25,0	29,7	52,7	24,2	–	29,4	32,6	24,6	50,5	35,2	56,5	39,3	32,5	34,7	44,3
LT	51,8	27,6	33,9	37,0	36,8	26,5	21,1	34,2	32,0	34,4	28,5	36,8	–	40,1	22,2	38,1	31,6	31,6	29,3	31,8	35,3	35,3
LV	54,0	29,1	35,0	37,8	38,5	29,7	8,0	34,2	32,4	35,6	29,3	38,9	38,4	–	23,3	41,5	34,4	39,6	31,0	33,3	37,1	38,0
MT	72,1	32,2	37,2	37,9	38,9	33,7	48,7	26,9	25,8	42,4	22,4	43,7	30,2	33,2	–	44,0	37,1	45,9	38,9	35,8	40,0	41,6
NL	56,9	29,3	46,9	37,0	45,4	35,3	49,7	27,5	29,8	43,4	25,3	44,5	28,6	31,7	22,0	–	32,0	47,7	33,0	30,1	34,6	43,6
PL	60,8	31,5	40,2	44,2	42,1	34,2	46,2	29,2	29,0	40,0	24,5	43,2	33,2	35,6	27,9	44,8	–	44,1	38,2	38,2	39,8	42,1
PT	60,7	31,4	42,9	38,4	42,8	40,2	60,7	26,4	29,2	53,2	23,8	52,8	28,0	31,5	24,8	49,3	34,5	–	39,4	32,1	34,4	43,9
RO	60,8	33,1	38,5	37,8	40,3	35,6	50,4	24,6	26,2	46,5	25,0	44,8	28,4	29,9	28,7	43,0	35,8	48,5	–	31,5	35,1	39,4
SK	60,8	32,6	39,4	48,1	41,0	33,3	46,2	29,8	28,4	39,4	27,4	41,8	33,8	36,7	28,5	44,4	39,0	43,3	35,3	–	42,6	41,8
SL	61,0	33,1	37,9	43,5	42,6	34,0	47,0	31,1	28,8	38,2	25,7	42,3	34,6	37,3	30,0	45,9	38,2	44,1	35,8	38,9	–	42,7
SV	58,5	26,9	41,0	35,6	46,6	33,3	46,6	27,4	30,9	38,9	22,7	42,0	28,2	31,0	23,7	45,6	32,2	44,2	32,7	31,3	33,5	–

8: Maskinöversättning mellan 22 EU-språk – Machine translation between 22 EU-languages [24]

ten ifråga, nämligen ord som förekommer ofta i texten, men betydligt mer sällan i allmänspråket). Därefter räknar man fram vilka meningar i texten som innehåller flest sådana ”viktiga” ord och konstruerar sammanfattningen från dessa. Normalt är alltså textsammanfattning helt enkelt ett slags textutdrag, en delmängd av hela textens meningar. Ett alternativt tillvägagångssätt och aktuellt forskningsproblem inom språkteknologi är att generera sammanfattningen så att den delvis kommer att innehålla meningar som inte finns i utgångstexten.

När det gäller svenska har forskningen om den här typen av textteknologier inte kommit lika långt som som för engelska.

För att man ska kunna göra det, fordras en djupare förståelse av textens innehåll, vilket betyder att det senare tillvägagångssättet ännu är relativt outvecklat och brister i robusthet. På det stora hela finner vi sällan textgenerering som fristående tillämpning, utan snarare nästan uteslutande som komponent i större mjukvarusystem, t. ex. i ett sjukvårdsinformationssystem, där patientdata samlas in, lagras och bearbetas. Rapportgenerering är bara ett av många tillämpningar av textgenereringsteknologi.

När det gäller svenska har forskningen om den här typen av textteknologier inte kommit lika långt som som för engelska. Frågebesvarande system, informationsextraktion och textsammanfattning har varit förmål för ett antal kombinerade konferenser och ”tävlingar” – där forskare sätter sina system mot varandra på en förutbestämd tävlingsuppgift – i USA sedan 1990-talet, främst organiserade av de statliga organisationerna DARPA (Defense Advanced Research Projects Agency) och NIST (National Institute of Standards and Technology).

Dessa tävlingar har starkt bidragit till utvecklingen av teknologierna, men de har fokuserat på engelska. I några fall har det även funnits flerspråkiga tävlingsuppgifter, men svenska har på sin höjd haft en marginell närvaro i dessa sammanhang.

Därmed finns inga annoterade korpusar eller andra resurser för svenska inom dessa områden. Rent statistiskt baserade textsammanfattningssystem är relativt språkoberoende, och det finns ett antal forskningsprototyper att tillgå. När det textgenerering, har återanvändbarheten huvudsakligen begränsat sig till de komponenter som svarar för ytrealiseringen (genereringsgrammatiker), alltså det sista steget i genereringen, och därvid nästan uteslutande för engelska.

4.4 UTBILDNING I SPRÅKTEKNOLOGI

Språkteknologi är ett starkt tvärvetenskapligt forskningsområde med bidrag från bl.a. lingvistik, datavetenskap, matematik, filosofi, psykolingvistik och neurovetenskap.

Svensk forskning i språkteknologi startade redan i slutet av 1960-talet, och efter en långsam men stadig tillväxt under de följande två årtiondena, kom området i åtnjutande av ett betydande resurstillskott under 1990-talet, såväl från universiteten som från nationella forskningsfinansiärer.

Ett resultat av denna kraftsamling är att Sverige har en relativt välutvecklad och välorganiserad forskargemenskap. 2001 inrättades den nationella forskarskolan i språkteknologi (GSLT) av regeringen som en av 16 nationella forskarskolor. Värduniversitet för GSLT är Göteborgs universitet, men den utgör ett samarbete mellan följande högskolor:

- Göteborgs universitet
- Högskolan i Borås
- Chalmers tekniska högskola
- Kungliga Tekniska högskolan (KTH)
- Linköpings universitet
- Lunds universitet
- Stockholms universitet
- Uppsala universitet

Handledare kan också finnas på SICS (Swedish Institute of Computer Science; Stockholm – http://www.sics.se). Under åren 2001–2010 ingick Högskolan i Skövde och Linnéuniversitetet (tidigare Växjö universitet) i GSLT. När detta skrivs, har över 30 doktorer disputerat inom GSLT, i ett antal olika ämnen, men med tyngdpunkten inom lingvistik, datavetenskap och talteknologi. GSLT har bidragit avsevärt till utvecklingen av språkteknologi i Sverige, genom att föra samman olika forskningsgrupper och forskare.

Forskarskolan har möjliggjort nationella kurser och handledning på högsta nivå. Forskarutbildningskurserna har även kunnat erbjudas till nordiska och baltiska doktorander genom NGSLT-nätverket (Nordic Graduate School of Language Technology) som bekostades av NorFA under åren 2004–2009. Samverkan inom GSLT-nätverket har resulterat i flera forskningssamarbeten och gemensamma projektansökningar till nationella forskningsfinansiärer.

För närvarande finns två masterprogram i språkteknologi, i Göteborg och Uppsala. Tills helt nyligen kunde ett antal universitet även erbjuda grundutbildning i språkteknologi (t. ex. Lund, Göteborg, Uppsala och Stockholm) inklusive kandidat- och magisterprogram, men sökandetrycket har minskat stadigt över ett antal år och av den anledningen har istället de nya masterutbildningarna inrättats med en bred rekryteringsbas.

4.5 NATIONELLA PROJEKT OCH INITIATIV

Sverige har har en relativt aktiv språkteknologiforskning, tack vare en tidig start och några stora nationella satsningar under de senaste årtiondena.

Under ett antal år har Språkrådet och GSLT gemensamt drivit språkteknologi.se (http://sprakteknologi.se) en webbportal för svensk språkteknologi med information om aktiviteter, resurser, produkter och aktörer, både i akademi och industri. Där kan den intresserade finna mer detaljerad information om dessa saker än utrymmet här medger.

Som ett resultat av forskningsområdets relativt långa historia i landet, har Sverige för sin storlek ovanligt många aktiva språkteknologiforskningscentra:

- Göteborg: *Centre for Language Technology*, ett samarbete mellan Göteborgs universitet och Chalmers tekniska högskola
- Linköpings universitet
- Lunds universitet
- Stockholm: *Centrum för talteknologi* (KTH), Stockholms universitet, SICS (Swedish Institute of Computer Science), Språkrådet
- Uppsala universitet

Som nämnts ovan, finns även ett antal mindre företag inom området, ofta som avknoppningar från de akademiska forskningsmiljöerna. Talteknologi är därvid något bättre företrätt än textteknologi, utan tvivel ett resultat av den världsledande forskning i talteknologi som bedrivits vid KTH sedan 1950-talet.

De svenska forskningsgrupperna har på det stora hela bedrivit sin verksamhet utan särskild nationell koordinering. De språkteknologiska forskningsprogrammen under 1990-talet och GSLT under det följande årtiondet har dock främjat samverkan mellan grupperna, och vi har sett forskningssamarbeten bl.a. inom *maskinöversättning och flerspråkig terminologiutvinning* (Göteborg, Linköping och Uppsala) och *resursuppbyggnad* (SUC – Stockholm Umeå Corpus).

Språkbanken i Göteborg har sedan 1970-talet bedrivit ett långsiktigt och systematiskt arbete med att samla in, förädla och tillgängliggöra svenska språkresurser – med ett särskilt fokus på högvärdiga lexikonresurser – och därvid utveckla verktyg och infrastruktur för resursernas användning. Ett centralt projekt är för närvarande det svenska frasnätet [25], en stor semantisk lexikonresurs för svenska.

Centrum för talteknologi vid KTH – en av de ledande institutionerna i Europa när det gäller talteknologi – har under många år systematiskt byggt upp resurser och verktyg för svensk talteknologi.

Projekt för automatisk grammatisk analys av svenska har under senare år bedrivits i Göteborg, Lund och Uppsala och olika aspekter av automatisk semantisk analys har utvecklats i dessa och andra grupper, t.ex. för informationsåtkomst vid SICS.

Under senare år har de svenska forskargrupperna samlats kring nationella initiativ i syfte att stärka framför allt den grundläggande forskningsinfrastrukturen. Detta har resulterat i några stora nationella ansökningar till Vetenskapsrådet, där samtliga forskargrupper och ävan andra aktörer har varit representerade, hittills dock utan framgång. Behovet av en sådan infrastruktur har dock uppmärksammats även utanför den snävare kretsen av språkteknologiforskare, och kulturdepartementet har beställt ett beredningsunderlag om en nationell språkinfrastruktur [26].

Som vi har sett, har alltså olika forskningsprogram och individuella forskningsinsatser inom språkteknologi resulterat i ett antal språkteknologiverktyg och -resurser för svenska. I nästa avsnitt ges en sammanfattande översikt över tillgången på språkteknologi för svenska.

	Mängd	Tillgänglighet	Kvalitet	Täckning	Mognad	Hållbarhet	Anpassbarhet
Språkteknologi: verktyg, tekniker och tillämpningar							
Taligenkänning	2	1	3	4	5	5	5
Talsyntes	3	1	3	3	3	3	3
Grammatisk analys	4,5	3,5	5	4	5	5	5
Semantisk analys	1,5	1	2	1,5	1,5	1	1,5
Textgenerering	3	3	3	2	4	3	4
Maskinöversättning	3	1	3	1	4	3	3
Språkresurser: data- och kunskapsbaser							
Textkorpusar	2	2,5	3,5	3	5	5	5
Talkorpusar	4	3	3	3	5	4	4
Parallella korpusar	3	1	5	3	5	5	5
Lexikala resurser	4	2	5	4	3,5	4	4
Grammatiker	3	2	3	3	3	4	5

9: Tillgång till språkteknologi för svenska

4.6 VERKTYG OCH RESURSER FÖR SVENSKA

I figur 9 ges en aktuell sammanfattning av tillgången på språkteknologi för svenska. Tillgången på verktyg och resurser har uppskattats av ledande experter. De har bedömt tillgången till verktyg och resurser enligt sju kriterier på en skala från 0 (mycket låg) till 6 (mycket hög). De viktigaste resultaten när det gäller språkteknologi för svenska kan sammanfattas som följer:

- Å ena sidan verkar textteknologin ha kommit längre i mognad än talteknologi. Å den andra sidan finner vi fler företag och fler vardagstillämpningar av talteknologi än textteknologi, t. ex. talsvarssystem, röststyrning av mobiltelefoner och GPS-röster.
- Precis som för många andra språk är det uppenbart att språkteknologin för de "lägre" språkliga analysnivåerna – som grammatisk analys och grundläggande taligenkänning – fungerar mycket bättre än för exempelvis semantik, textförståelse och pragmatik. Teknikerna för att hantera dessa språkliga nivåer är fortfarande i sin linda.
- När det gäller resurser, och om vi tänker på situationen för svenskan i termer av det som brukar kallas BLARK (Basic LAnguage Resource Kit) [27, 28], så ser vi att vissa mycket grundläggande resurser helt saknas: Det finns några textkorpusar av hög kvalitet – mestadels dock små – men för svenska saknas en stor balanserad korpus (en "nationell korpus" med en representativ sammansättning av texttyper inklusive transkriberat talspråk) [29]. Det finns heller ingen stor svensk korpus med syntaktisk upp-

märkning, en s.k. trädbank. Vidare är korpusar ofta behäftade med användningsrestriktioner, p.g.a. att upphovsrättsfrågorna inte har kunnat redas ut.

När det gäller flerspråkiga resurser, ser vi en tydlig dominans för svensk–engelska resurser (och maskinöversättning mellan svenska och engelska), men mycket lite för andra språk, som de nationella minoritetsspråken, andra nordiska språk, andra EU-språk eller andra viktiga världsspråk än engelska.

- Många av verktygen och resurserna är inte standardiserade, så att även om de faktiskt existerar, är det inte säkert att de kan användas enkelt i komplexa system, eftersom återanvändbarhet och interoperabilitet inte är garanterade. Fokuserade gemensamma ansträngningar behövs för att standardisera data- och metadataformat och informationsmodeller.
- Den juridiska situationen är oklar när det gäller användningen av digital text, t. ex. tidningstext på internet, för empirisk språkforskning och forskning i språkteknologi, exempelvis som rådata för statistiska språkmodeller. Forskarsamhället bör göra gemensam sak med politiker och beslutsfattare för att få till en lagstiftning som tillåter användningen av allmänt tillgänglig text för sådana forskningsändamål.
- Samarbetet mellan språkteknologiforskare och dem som utvecklar den s.k. semantiska webben och relaterade teknologier bör intensifieras i syfte att få till stånd en gemensam digital kunskapsbas som kan användas både i webbaserade informationssystem och som semantiska kunskapsbaser i språkteknologisystem. Detta mål bör helst uppfyllas för många språk i brett ett europeiskt samarbete.

De mest akuta behoven för svensk språkteknologi är för närvarande (uppräknade i stigande svårighetsgrad och kostnad):

1. Standardisering (av data- och innehållsformat samt API:er för att uppnå interoperabilitet) av befintliga fritt tillgängliga (med open source-licenser) verktyg och resurser, för att göra dessa allmänt tillgängliga för forskning och utveckling av produkter och tjänster.
2. Förhandlingar i syfte att förbättra licensvillkoren för andra befintliga grundläggande verktyg och resurser. Om sådana förhandlingar framgångsrikt kan ros i land, kan de aktuella resurserna sedan ställas till forskningens och industrins förfogande.
3. Utveckling av saknade grundläggande verktyg och resurser i standardiserade format med maximalt fria licensvillkor, exempelvis en svensk nationell korpus (som skulle kunna inkludera en trädbank och även ett antal parallella korpuskomponenter) [29] och ett fullskaligt svenskt ordnät länkat till det engelska Princeton WordNet.
4. Grundläggande forskning om de högre nivåerna av automatisk språkanalys för svenska, samt om integration av statistisk och regelbaserad språkteknologi, inte minst för att åstadkomma en närmare koppling mellan tal- och textteknologi.

4.7 TVÄRSPRÅKLIG JÄMFÖRELSE

Tillgången till språkteknologiresurser varierar starkt från ett språk till ett annat. I detta avsnitt presenteras en jämförande översikt mellan ett antal europeiska språk baserad på en uppskattning av resurstillgången inom två tillämpningsområden (maskinöversättning och talteknologi) och en basteknologi (textanalys) samt av tillgången till grundläggande resurser som behövs för att bygga språkteknologitillämpningar. Språken bedömdes enligt följande femgradiga skala:

1. stor mängd högkvalitativa resurser
2. god resurstillgång
3. måttlig resurstillgång
4. fragmentariska resurser
5. få eller inga resurser

För bedömningen användes följande kriterier:

Talteknologi: kvalitet på taligenkänning och talsyntes, domäntäckning, antal och kvalitet på taldatabaser, antal och bredd i talteknologiapplikationer

Maskinöversättning: kvalitet, antal språkpar, täckning av språkstrukturer, domäntäckning, storlek och kvalitet på parallellkorpusar, antal och bredd i maskinöversättningsapplikationer

Textanalys: kvalitet och täckning (ordförråd, morfologi, syntax, semantik), täckning av språkstrukturer, domäntäckning, antal och bredd i textanalysapplikationer, storlek och kvalitet på textkorpusar, kvalitet och täckning hos lexikonresurser (t. ex. ordnät) och grammatiska resurser

Resurser: kvalitet och storlek på textkorpusar, talspråkskorpusar, taldatabaser och parallella korpusar, kvalitet och täckning hos lexikaliska och grammatiska resurser

Svenska placerar sig i allmänhet någonstans i mittgruppen bland de övriga språken i jämförelsen.

Det första vi kan notera är att figur 10 till 13 tydligt visar att engelska intar en helt ohotad ledarställning när det gäller tillgång på språkteknologi. Detta trots att det även för engelska finns hur många luckor som helst i tillgången på språkteknologi.

Tack vare en aktiv svensk språkteknologiforskning som sträcker sig tillbaka till 1960-talet och tack vare de nationella språkteknologiprogrammen under 1990-talet placerar sig svenska i allmänhet någonstans i mittgruppen bland de övriga språken i jämförelsen, bättre när det gäller språkresurser, men sämre om det handlar om maskinöversättning. Svensk talteknologi är bra nog för att det ska ha utvecklats ett antal kommersiella applikationer, som talsvarssystem och dikteringsprogram. Teknologi för textanalys finns med relativt god täckning av centrala språkliga strukturer och fenomen och ingår som komponent i tillämpningar som för det mesta bygger på en relativt ytlig språklig analys, t. ex. stavningskontroll och skrivstöd för dokumentproduktion i industrin. Däremot står det klart att mer avancerade tillämpningar som t.ex. högkvalitativ maskinöversättning mellan svenska och många andra språk inte kan förverkligas med mindre än att svensk forskning och industri kan ta fram resurser och teknologier för djupare innehållsanalys av text och tal. Om vi kan göra det, öppnas nya möjligheter för att vi med framgång ska kunna ta oss an ett brett spann av avancerade tillämpningsområden.

4.8 SLUTSATSER

Dessa vitböcker representerar en viktig insats där vi har försökt uppskatta tillgången på språkteknologi för 30 europeiska språk, både i absoluta termer och i form av en inbördes jämförelse mellan språken. Genom denna belysning av bristområden och forskningsluckor, kan nu forskare, industri och andra intressegrupper gemensamt bidra till att utforma ett storskaligt program för europeisk språkteknologiforskning och -utveckling med målet att framtidens elektroniska kommunikation i Europa ska vila helt på flerspråkig teknologi.

De resultat som presenteras i vitböckerna visar tydligt att skillnaderna är stora mellan språken i Europa när det gäller tillgången till språkteknologi för det egna språket. För några språk och några tillämpningsområden är situationen relativt god, men för andra – normalt mindre – språk ser vi klara brister. Många språk saknar basverktyg för textanalys och grundläggande språkresurser.

För andra finns de mest grundläggande verktygen och språkresurserna, men de saknar exempelvis verktyg för semantisk språkanalys. Därför är en samlad storskalig satsning nödvändig för att uppnå det ambitiösa målet att alla europeiska språk i lika mån ska ha tillgång till språkteknologi av hög kvalitet, t. ex. högkvalitativ maskinöversättning.

Som redan nämnts ovan har språkteknologiforskning bedrivits i Sverige sen 1960-talet. De svenska forskningsgrupperna bildar ett tätt och välfungerande nationellt nätverk, vilket till stor del ska tillskrivas existensen av den nationella forskarskolan i språkteknologi (GSLT). Jämfört med många andra språk finns det relativt gott om språkteknologi och språkresurser för svenska, men det finns absolut mycket utrymme för förbättringar. Resursernas omfång och mängden språkverktyg är fortfarande blygsam om man jämför med engelska och några andra stora språk, och de kommer hopplöst till korta när det handlar om att utveckla de teknologier som behövs för att förverkliga det flerspråkiga kunskapssamhället i full omfattning. Dessutom är det i många fall så att även om verktygen och resurserna existerar, begränsas återanvändbarheten i praktiken av proprietära licenser och/eller idiosynkratiska dataformat.

Det är heller inte möjligt att överföra teknologier som är utvecklade och optimerade för engelska och anta att de utan vidare ska kunna hantera svenska. System för grammatisk analys av engelsk ord- och meningsstruktur fungerar normalt betydligt sämre på svensk text, på grund av språkspecifika drag i svenskan.

Vår inventering ger vid handen att den enda vägen framåt är att göra en storskalig koncentrerad satsning på utveckling av språkteknologiresurser för svenska, för att därigenom driva på forskning, innovation och utveckling. Behovet av stora datamängder och språkteknologisystemens ytterst höga komplexitet gör att det är av yttersta vikt att utveckla en infrastruktur och samlad forskningsorganisation för att främja gemensamt resursframtagande och -utnyttjande samt forskningssamarbete.

Slutligen har vi kunnat konstatera att långsiktig finansiering av forskning och utveckling inom språkteknologi på det stora hela saknas. Kortfristiga programsatsningar tenderar att åtföljas av perioder med små eller inga satsningar. Dessutom samordnas sällan sådana programsatsningar mellan EU-länder eller på EU-nivå.

Det långsiktiga målet för META-NET är att möjliggöra uppbyggnaden av högkvalitativ språkteknologi för alla språk. Detta förutsätter att alla intressentgrupper – politiker, forskare, näringsliv och samhälle – förenar sina ansträngningar. Den resulterande teknologin kommer att bidra till att barriärer rivs och broar byggs mellan Europas språk och därmed bana väg för politisk och ekonomisk enhet genom kulturell mångfald.

Högkvalitativa resurser	God resurstillgång	Måttlig resurstillgång	Fragmentariska resurser	Få eller inga resurser
	engelska	finska franska italienska nederländska portugisiska spanska tjeckiska tyska	baskiska bulgariska danska estniska galiciska grekiska iriska katalanska norska polska serbiska slovakiska slovenska **svenska** ungerska	isländska kroatiska lettiska litauiska maltesiska rumänska

10: Talteknologi: Tillgång till språkteknologi för 30 europeiska språk

Högkvalitativa resurser	God resurstillgång	Måttlig resurstillgång	Fragmentariska resurser	Få eller inga resurser
	engelska	franska spanska	italienska katalanska nederländska polska rumänska tyska ungerska	baskiska bulgariska danska estniska finska galiciska grekiska iriska isländska kroatiska lettiska litauiska maltesiska norska portugisiska serbiska slovakiska slovenska **svenska** tjeckiska

11: Maskinöversättning: Tillgång till språkteknologi för 30 europeiska språk

Högkvalitativa resurser	God resurstillgång	Måttlig resurstillgång	Fragmentariska resurser	Få eller inga resurser
	engelska	franska	baskiska	estniska
		italienska	bulgariska	iriska
		nederländska	danska	isländska
		spanska	finska	kroatiska
		tyska	galiciska	lettiska
			grekiska	litauiska
			katalanska	maltesiska
			norska	serbiska
			polska	
			portugisiska	
			rumänska	
			slovakiska	
			slovenska	
			svenska	
			tjeckiska	
			ungerska	

12: Textanalys: Tillgång till språkteknologi för 30 europeiska språk

Högkvalitativa resurser	God resurstillgång	Måttlig resurstillgång	Fragmentariska resurser	Få eller inga resurser
	engelska	franska	baskiska	iriska
		italienska	bulgariska	isländska
		nederländska	danska	lettiska
		polska	estniska	litauiska
		spanska	finska	maltesiska
		svenska	galiciska	
		tjeckiska	grekiska	
		tyska	katalanska	
		ungerska	kroatiska	
			norska	
			portugisiska	
			rumänska	
			serbiska	
			slovakiska	
			slovenska	

13: Språkresurser: Tillgång till tal- och textresurser för 30 europeiska språk

VAD ÄR META-NET?

META-NET är ett spetsforskningsnätverk vars verksamhet bedrivs med ekonomiskt stöd av EU [30]. För närvarande ingår 54 forskningscentra i 33 europeiska länder i nätverket. META-NET är den drivande kraften i META (Multilingual Europe Technology Alliance), ett växande samarbete mellan europeiska experter och organisationer inom språkteknologiområdet. META-NET bygger de teknologiska grundvalarna för ett genuint mångspråkigt europeiskt informationssamhälle i syfte att åstadkomma:

- kommunikation och samarbete över språkgränserna,
- samma tillgång för alla europeer till information och kunskap oavsett modersmål,
- vidare funktionalitet för nätverksbaserad informationsteknologi.

Nätverket stöder ett Europa som förenas genom en enhetlig digital marknad och informationsrymd. Det stimulerar och främjar flerspråkliga teknologier för alla europeiska språk. Dessa teknologier möjliggör automatisk översättning, innehållsproduktion, informationsbearbetning och kunskapshantering för en mängd olika domäner och tillämpningar. De möjliggör även intuitiva språkbaserade gränssnitt till teknologier från hushållselektronik, maskiner och fordon till datorer och robotar.

META-NET lanserades 1 februari 2010, och har redan genomfört många aktiviteter inom tre områden:

I **META-VISION** formas en dynamisk och inflytelserik intressegemenskap kring en delad vision och en gemensam strategisk forskningsagenda. META-VISION fokuserar på att bygga upp en sammanhållen och samstämd gemenskap inom europeisk språkteknologi genom att föra samman hittills fragmenterade och isolerade intressegrupper. Föreliggande vitbok tas fram samtidigt med motsvarande dokument för 29 andra språk. Den gemensamma teknologivisionen har utvecklats inom tre visionsgrupper. META Technology Council har bildats för att diskutera och förbereda den gemensamma strategiska forskningsagendan utifrån visionen och i nära samarbete med den språkteknologiska gemenskapen.

META-SHARE är en öppen decentraliserad plattform för resursdelning. I ett icke-hierarkiskt (peer-to-peer, P2P) nätverk av resursarkiv finns språkresurser, språkteknologiverktyg och nättjänster, som dokumenteras med högvärdiga metadata och som är indelade i standardiserade kategorier. Alla resurser är tillgängliga och sökbara från varje nod i nätverket. De omfattar såväl fritt tillgängliga resurser med open source-/open content-licenser som kommersiella resurser tillgängliga endast mot avgift.

META-RESEARCH bygger broar till andra relevanta teknologiområden. Här försöker man utnyttja innovativ forskning inom angränsande discipliner som kan vara till nytta för språkteknologi. Aktiviteterna är särskilt inriktade mot att bedriva världsledande forskning inom maskinöversättning, att samla in data, att iordningställa databaser och organisera språkresurser för utvärdering, att skapa kataloger över verktyg och metoder samt att organisera workshopar och kurser för aktörer inom språkteknologiområdet.

office@meta-net.eu – http://www.meta-net.eu

1

EXECUTIVE SUMMARY

Information technology changes our everyday lives. We typically use computers for writing, editing, calculating, and information searching, and increasingly for reading, listening to music, viewing photos and watching movies. We carry small computers in our pockets and use them to make phone calls, write emails, get information and entertain ourselves, wherever we are. How does this massive digitisation of information, knowledge and everyday communication affect our language? Will our language change or even disappear?

All our computers are linked together into an increasingly dense and powerful global network. When Europe's netizens discuss the effects of the Fukushima nuclear accident on European energy policy in forums and chat rooms, they do so in cleanly-separated language communities. What the internet connects is still divided by the languages of its users. Will it always be like this?

Many of the world's 7,000 languages will not survive in a globalised digital information society. It is estimated that at least 2,000 languages are doomed to extinction in the decades ahead. Others will continue to play a role in families and neighbourhoods, but not in the wider business and academic world. What are the Swedish language's chances of survival?

With its 10 million speakers, Swedish is fairly well positioned compared to many languages. There is a number of public television channels with Swedish-language programming (Sweden: 7, Finland: 1) and some private TV broadcasters. The book and newspaper market, although often declared moribund, is in fact fairly stable and active, and the annual Swedish Book Fair is a major Nordic event with over 100,000 visitors.

Traditionally, it has been possible to use Swedish for communication all over the Nordic area. Mutual intelligibility with Norwegian and Danish is high. The three languages together have on the order of 20 million speakers, and the mixed varieties used in this context are commonly referred to as "Scandinavian". Swedish is one of Finland's two official languages, and Danish is taught in schools in Iceland, the Faroe Islands and Greenland. However, English is increasingly taking the role of the *lingua franca* of the Nordic region, especially among younger speakers, and especially outside Denmark, Norway and Sweden, where Scandinavian still holds its own against English.

There are plenty of complaints about the ever-increasing use of English words and phrases in Swedish, and some even fear that Swedish will turn into a kind of mixed language. But our study suggests that this is misguided. Swedish has already survived the massive influx of new words and terms from German in the Middle Ages, as well as the intrusion of French words in the 18th and early 19th centuries. A good countermeasure to the threat of losing our beloved Swedish words and phrases is to actually use them – frequently and consciously; neither linguistic polemics about foreign influences nor government regulations are usually of any help. Our main concern should not be the gradual anglicisation of our language, but its complete disappearance from major areas of our personal lives. These are not science, aviation and the global financial markets, which actually need a world-wide *lingua franca*. We have in mind the many areas of life in which it is far more important to be close to a country's citizens than to international partners – for example, domestic policies, administrative procedures, the law, culture and shopping.

The status of a language depends not only on the number of speakers or books, films and TV stations that use it, but also on the presence of the language in the digital information space and software applications. Here too, the Swedish language is fairly well-placed: all important international software products are available in Swedish and the Swedish Wikipedia ranks number eleven in the world, right before the Chinese one.

In the field of language technology, Swedish is also well equipped with products, technologies and resources. There are applications and tools for speech synthesis, speech recognition, spelling correction, and grammar checking. There are also many applications for automatically translating language, even though these often fail to produce linguistically and idiomatically correct translations, especially when Swedish is the target language. This is partly due to the specific linguistic characteristics of the Swedish language.

Information and communication technology are now preparing for the next revolution. After personal computers, networks, miniaturisation, multimedia, mobile devices and cloud-computing, the next generation of technology will feature software that will support users far better because it speaks, knows and understands their language. Forerunners of such developments are the free online service Google Translate that translates between 57 languages, IBM's supercomputer Watson that was able to defeat the US champion in the game of "Jeopardy", and Apple's mobile assistant Siri for the iPhone that can react to voice commands and answer questions in English, German, French and Japanese.

The next generation of information technology will master human language to such an extent that human users will be able to communicate using the technology in their own language. Devices will be able to automatically find the most important news and information from the world's digital knowledge store in reaction to easy-to-use voice commands. Language-enabled technology will be able to translate automatically or assist interpreters; summarise conversations and documents; and support users in learning scenarios. For example, it will help immigrants to learn Swedish and integrate more fully into the country's culture.

The next generation of information and communication technologies will enable industrial and service robots (currently under development in research laboratories) to faithfully understand what their users want them to do and then proudly report on their achievements.

This level of performance means going way beyond simple character sets and lexicons, spell checkers and pronunciation rules. The technology must move on from simplistic approaches and start modeling language in an all-encompassing way, taking syntax as well as semantics into account to understand the drift of questions and generate rich and relevant answers.

However, there is a yawning technological gap between English and Swedish, and it is currently getting wider. After a very successful research record in the 1980s and especially the 1990s, Sweden has currently put research and development in language technology on the backburner, because research support policies constantly need novel topics. As a result, Sweden (and Europe in general) lost several very promising high-tech innovations to the US, where there is greater continuity in their strategic research planning and more financial backing for bringing new technologies to the market. In the race for technology innovation, an early start with a visionary concept will only ensure a competitive advantage if you can actually make it over the finish line. Otherwise all you get is an honorary mention in Wikipedia.

Nevertheless, there is still a very high research potential on this side of the Atlantic. Apart from internationally renowned research centres and universities, there are a number of innovative small and medium-sized language technology companies that manage to survive through sheer creativity and immense efforts, despite the lack of venture capital or sustained public funding. On the other hand, many of these are oriented to an international market, where English-based products are a must. Although Swedish companies are active developers of web and search technologies, for example, technology specifically adapted to Swedish is only marginally involved and most R&D results and prototypes use the English language.

Every international technology competition tends to show that results for the automatic analysis of English are far better than those for Swedish, even though (or precisely because) the methods of analysis are similar, if not identical. This holds true for extracting information from texts, grammar checking, machine translation and a whole range of other applications.

Many researchers reckon that these setbacks are due to the fact that, for fifty years now, the methods and algorithms of computational linguistics and language technology application research have first and foremost focused on English. The number of publications on language technology for Swedish in leading international conferences and scientific journals is minuscule compared to the volume of papers focusing on English.

However, other researchers believe that English is inherently better suited to computer processing. And languages such as Spanish and French are also a lot easier to process than Swedish using current methods. This means that we need a dedicated, consistent, and sustainable research effort if we want to be able to use the next generation of information and communication technology in those areas of our private and work life where we live, speak and write Swedish.

Summing up, despite the prophets of doom, the Swedish language is not in danger, even from the prowess of English language computing. However, the whole situation could change dramatically when a new generation of technologies really starts to master human languages effectively. Through improvements in machine translation, language technology will help in overcoming language barriers, but it will only be able to operate between those languages that have managed to survive in the digital world. If there is adequate language technology available, then it will be able to ensure the survival of languages with very small populations of speakers. If not, even 'large' languages will come under severe pressure.

The dentist jokingly warns: "Only brush the teeth you want to keep". The same principle also holds true for research support policies: you can study every language under the sun all you want, but if you really intend to keep them alive, you need to develop technologies to support them.

2

LANGUAGES AT RISK: A CHALLENGE FOR LANGUAGE TECHNOLOGY

We are witnesses to a digital revolution that is dramatically impacting communication and society. Recent developments in information and communication technology are sometimes compared to Gutenberg's invention of the printing press. What can this analogy tell us about the future of the European information society and our languages in particular?

> The digital revolution is comparable to Gutenberg's invention of the printing press.

After Gutenberg's invention, real breakthroughs in communication were accomplished by efforts such as Luther's translation of the Bible into vernacular language. In subsequent centuries, cultural techniques have been developed to better handle language processing and knowledge exchange:

- the orthographic and grammatical standardisation of major languages enabled the rapid dissemination of new scientific and intellectual ideas;
- the development of official languages made it possible for citizens to communicate within certain (often political) boundaries;
- the teaching and translation of languages enabled exchanges across languages;
- the creation of editorial and bibliographic guidelines assured the quality of printed material;
- the creation of different media like newspapers, radio, television, books, and other formats satisfied different communication needs.

In the past twenty years, information technology has helped to automate and facilitate many processes:

- desktop publishing software has replaced typewriting and typesetting;
- presentation software has replaced overhead projector transparencies;
- e-mail allows documents to be sent and received more quickly than using a fax machine;
- Skype offers cheap internet phone calls and hosts virtual meetings;
- audio and video encoding formats make it easy to exchange multimedia content;
- web search engines provide keyword-based access;
- online services like Google Translate produce quick, approximate translations;
- social media platforms such as Facebook, Twitter and Google+ facilitate communication, collaboration, and information sharing.

Although these tools and applications are helpful, they are not yet capable of supporting a fully-sustainable, multilingual European society in which information and goods can flow freely.

2.1 LANGUAGE BORDERS HOLD BACK THE EUROPEAN INFORMATION SOCIETY

We cannot predict exactly what the future information society will look like. However, there is a strong likelihood that the revolution in communication technology is bringing together people who speak different languages in new ways. This is putting pressure both on individuals to learn new languages and especially on developers to create new technology applications to ensure mutual understanding and access to shareable knowledge. In the global economic and information space, there is increasing interaction between different languages, speakers and content thanks to new types of media. The current popularity of social media (Wikipedia, Facebook, Twitter, YouTube, and, recently, Google+) is only the tip of the iceberg.

The global economy and information space confronts us with different languages, speakers and content.

Today, we can transmit gigabytes of text around the world in a few seconds before we recognise that it is in a language that we do not understand. According to a report from the European Commission, 57% of internet users in Europe purchase goods and services in non-native languages; English is the most common foreign language followed by French, German and Spanish. 55% of users read content in a foreign language while 35% use another language to write e-mails or post comments on the web [2]. A few years ago, English might have been the lingua franca of the web – the vast majority of content on the web was in English – but the situation has now drastically changed. The amount of online content in other European (as well as Asian and Middle Eastern) languages has exploded.

Surprisingly, this ubiquitous digital linguistic divide has not gained much public attention. Yet, it raises a very pressing question: Which European languages will thrive in the networked information and knowledge society, and which are doomed to disappear?

2.2 OUR LANGUAGES AT RISK

While the printing press helped step up the exchange of information in Europe, it also led to the extinction of many languages. Regional and minority languages were rarely printed and languages such as Cornish and Dalmatian were limited to oral forms of transmission, which in turn restricted their scope of use. Will the internet have the same impact on our modern languages?

The wide variety of languages in Europe is one of its richest and most important cultural assets.

Europe's approximately 80 languages are one of our richest and most important cultural assets, and a vital part of this unique social model [3]. While languages such as English and Spanish are likely to survive in the emerging digital marketplace, many languages could become irrelevant in a networked society. This would weaken Europe's global standing, and run counter to the goal of ensuring equal participation for every citizen regardless of language. According to a UNESCO report on multilingualism, languages are an essential medium for the enjoyment of fundamental rights, such as political expression, education and participation in society [4].

2.3 LANGUAGE TECHNOLOGY IS A KEY ENABLING TECHNOLOGY

In the past, investments in language preservation focussed primarily on language education and translation. According to one estimate, the European market for translation, interpretation, software localisation and website globalisation was €8.4 billion in 2008 and is expected to grow by 10% per annum [5]. Yet this figure covers just a small proportion of current and future needs in communicating between languages. The most compelling solution for ensuring the breadth and depth of language usage in Europe tomorrow is to use appropriate technology, just as we use technology to solve our transport and energy needs among others.

Language technology targeting all forms of written text and spoken discourse can help people to collaborate, conduct business, share knowledge and participate in social and political debate regardless of language barriers and computer skills. It often operates invisibly inside complex software systems to help us already today to:

- find information with a search engine;
- check spelling and grammar in a word processor;
- view product recommendations in an online shop;
- follow the spoken directions of a navigation system;
- translate web pages via an online service.

Language technology consists of a number of core applications that enable processes within a larger application framework. The purpose of the META-NET language white papers is to focus on how ready these core enabling technologies are for each European language.

Europe needs robust and affordable language technology for all European languages.

To maintain our position in the frontline of global innovation, Europe will need language technology, tailored to all European languages, that is robust and affordable and can be tightly integrated within key software environments. Without language technology, we will not be able to achieve a really effective interactive, multimedia and multilingual user experience in the near future.

2.4 OPPORTUNITIES FOR LANGUAGE TECHNOLOGY

In the world of print, the technology breakthrough was the rapid duplication of an image of a text using a suitably powered printing press. Human beings had to do the hard work of looking up, assessing, translating, and summarising knowledge. We had to wait until Edison to record spoken language – and again his technology simply made analogue copies.

Language technology can now simplify and automate the processes of translation, content production, and knowledge management for all European languages. It can also empower intuitive speech-based interfaces for household electronics, machinery, vehicles, computers and robots. Real-world commercial and industrial applications are still in the early stages of development, yet R&D achievements are creating a genuine window of opportunity. For example, machine translation is already reasonably accurate in specific domains, and experimental applications provide multilingual information and knowledge management, as well as content production, in many European languages.

Language technology helps overcome the "disability" of linguistic diversity.

As with most technologies, the first language applications such as voice-based user interfaces and dialogue systems were developed for specialised domains, and often exhibit limited performance. However, there are huge market opportunities in the education and entertainment industries for integrating language technologies into games, edutainment packages, libraries, simulation environments and training programs. Mobile information services, computer-assisted language learning software, eLearning environments, self-assessment tools and plagiarism detection software are just some of the application areas in which language technology can play an important role. The popularity of social media applications like Twitter and Facebook suggest a need for sophisticated language technologies that can monitor posts, summarise discussions, suggest opinion trends, detect emotional responses, identify copyright infringements or track misuse.

Language technology represents a tremendous opportunity for the European Union. It can help to address the complex issue of multilingualism in Europe – the fact that different languages coexist naturally in European businesses, organisations and schools. However, citizens need to communicate across the language borders of the European Common Market, and language technology can help overcome this final barrier, while supporting the free and open use of individual languages. Looking even further ahead, innovative European multilingual language technology will provide a benchmark for our global partners when they begin to support their own multilingual communities. Language technology can be seen as a form of "assistive" technology that helps overcome the "disability" of linguistic diversity and makes language communities more accessible to each other. Finally, one active field of research is the use of language technology for rescue operations in disaster areas, where performance can be a matter of life and death: Future intelligent robots with cross-lingual language capabilities have the potential to save lives.

2.5 CHALLENGES FACING LANGUAGE TECHNOLOGY

Although language technology has made considerable progress in the last few years, the current pace of technological progress and product innovation is too slow. Widely-used technologies such as the spelling and grammar correctors in word processors are typically monolingual, and are only available for a handful of languages. Online machine translation services, although useful for quickly generating a reasonable approximation of a document's contents, are fraught with difficulties when highly accurate and complete translations are required.

Technological progress needs to be accelerated.

Due to the complexity of human language, modelling our tongues in software and testing them in the real world is a long, costly business that requires sustained funding commitments. Europe must therefore maintain its pioneering role in facing the technological challenges of a multiple-language community by inventing new methods to accelerate development right across the map. These could include both computational advances and techniques such as crowdsourcing.

2.6 LANGUAGE ACQUISITION IN HUMANS AND MACHINES

To illustrate how computers handle language and why it is difficult to program them to process different tongues, let's look briefly at the way humans acquire first and second languages, and then see how language technology systems work.

Humans acquire language skills in two different ways. Babies acquire a language by listening to the real interactions between their parents, siblings and other family members. From the age of about two, children produce their first words and short phrases. This is only possible because humans have a genetic disposition to imitate and then rationalise what they hear.

Learning a second language at an older age requires more cognitive effort, largely because the child is not immersed in a language community of native speakers. At school, foreign languages are usually acquired by learning grammatical structure, vocabulary and spelling using drills that describe linguistic knowledge in terms of abstract rules, tables and examples.

Humans acquire language skills in two different ways: learning from examples and learning the underlying language rules.

Moving now to language technology, the two main types of systems "acquire" language capabilities in a similar manner. Statistical (or "data-driven") approaches obtain linguistic knowledge from vast collections of concrete example texts. While it is sufficient to use text in a single language for training, e. g., a spell checker, parallel texts in two (or more) languages have to be available for training a machine translation system. The machine learning algorithm then "learns" patterns of how words, short phrases and complete sentences are translated.

This statistical approach usually requires millions of sentences to boost performance quality. This is one reason why search engine providers are eager to collect as much written material as possible. Spelling correction in word processors, and services such as Google Search and Google Translate, all rely on statistical approaches. The great advantage of statistics is that the machine learns quickly in a continuous series of training cycles, even though quality can vary randomly.

The second approach to language technology, and to machine translation in particular, is to build rule-based systems. Experts in the fields of linguistics, computational linguistics and computer science first have to encode grammatical analyses (translation rules) and compile vocabulary lists (lexicons). This is very time consuming and labour intensive. Some of the leading rule-based machine translation systems have been under constant development for more than 20 years. The great advantage of rule-based systems is that the experts have more detailed control over the language processing. This makes it possible to systematically correct mistakes in the software and give detailed feedback to the user, especially when rule-based systems are used for language learning. However, due to the high cost of this work, rule-based language technology has so far only been developed for a few major languages.

As the strengths and weaknesses of statistical and rule-based systems tend to be complementary, current research focuses on hybrid approaches that combine the two methodologies. However, these approaches have so far been less successful in industrial applications than in the research lab.

The two main types of language technology systems acquire language in a similar manner.

As we have seen in this section, many applications widely used in today's information society rely heavily on language technology, particularly in Europe's economic and information space. Although this technology has made considerable progress in the last few years, there is still huge potential to improve the quality of language technology systems. In the next two sections, we describe the role of Swedish in the European information society and assess the current state of language technology for the Swedish language.

3

THE SWEDISH LANGUAGE IN THE EUROPEAN INFORMATION SOCIETY

3.1 GENERAL FACTS

According to the estimation of Parkvall [6], the number of monolingual native speakers of Swedish, i. e., who have Swedish as their *only* mother tongue, is about 85% of Sweden's population, which corresponds to approximately 7.7 million people. Of the remaining 15% of the population (approximately 1.35 million people), those who have grown up in Sweden can be assumed to have acquired Swedish as one of their native languages, whether as an addition to an immigrant language or to an indigenous minority tongue.

Swedish is an official language of Sweden and Finland.

Additionally, a similar number (1.35 million) of Sweden's residents are born abroad, according to *Statistics Sweden* (http://www.scb.se) in 2010. The foreign-born population includes adopted children, some individuals born abroad to Swedish parents, and members of Swedish-speaking ethnic groups in Finland, Estonia and the Ukraine (see further information regarding these ethnic groups below). Together, these ethnic groups total just over 100,000.

Figure 1 shows the proportion of languages (mother tongue figures) of Sweden as of 2006 [6].

Parkvall [6] estimates about 185,000 native speakers of highly divergent Swedish dialects, of whom 5–10,000 use varieties divergent enough from the standard language to merit being considered languages in their own right.

In general, however, the regional differences in Sweden are moderately marked, and – as in most other industrialized countries – people born after the Second World War generally speak the standard with only phonological clues betraying their approximate geographical origin. Some lexical peculiarities can of course also be noticed, but the differences in morphology and syntax are, generally speaking, no longer more noticeable between different geographical areas than they are between generations. Swedish-speakers in Finland have in general followed the same path, although the local dialects are in somewhat better health there than they are in Sweden. However, east of the Baltic, words and constructions denoting concepts regarding modern society are frequently borrowed or calqued from Finnish.

The geographical differences that do exist are virtually exclusive to the spoken language, and for a newspaper text, it would be well-nigh impossible to determine the area in which it was produced, and even for a newspaper from Finland, this would be difficult, save for a small number of words and expressions denoting concepts relating specifically to Finnish society.

The number of daily newspapers in Sweden was 168 in 2008, according to Statistics Sweden, a number that seems reasonably stable despite falling circulation. In official statistics, the definition of a "daily" newspaper is one which is published at least three times a week.

Official majority language			
Swedish	85.2%		
Official minority languages		**Indigenous languages without official recognition**	
Finnish (including Meänkieli/ Torne River Valley Finnish)	2.5%	Swedish Sign Language	0.1%
		Elfdalian ("dialect" of Swedish)	0.02%
Romani	0.1%	Överkalix ("dialect" of Swedish)	0.02%
Saami languages	0.05%		
Yiddish	0.01%		
Major immigrant languages without official recognition			
Serbo-Croatian	1.2%	Aramaic	0.4%
Arabic	1.0%	Turkish	0.4%
Kurdish	0.7%	Somali	0.3%
Spanish	0.7%	Hungarian	0.2%
German	0.7%	Russian	0.2%
Farsi	0.6%	Thai	0.2%
Norwegian	0.6%	Cantonese	0.1%
Danish	0.6%	Greek	0.1%
Polish	0.5%	Estonian	0.1%
Albanian	0.5%		
English	0.5%	*Other immigrant languages*	2.3%

1: Languages in Sweden (mother tongue speakers in percentage of population)

26,182 "books and pamphlets" were published in Sweden in 2008, a number which increased consistently over the last decade. The total includes 86% original works and 14% translations. Interestingly, about one fourth of the original works were published in languages other than Swedish. However, only approximately 3% of these publications were in any of the indigenous minority languages or major immigrant languages. An overwhelming 22% of all original works published in Sweden in 2008 were in English.

Additionally, UNESCO's *Index translationum* database (http://www.unesco.org/xtrans/) features 31,474 translations into Swedish, and 31,358 with Swedish as the source language. Given that Statistics Sweden counts about 3,000 annual translations into Swedish in Sweden alone, it would seem that the two sources differ in scope. However, since 2005, the *Index translationum* does include about 2,500 cases yearly of Swedish as a target language of translations, which is compatible with the figures already cited.

According to Statistics Finland (http://www.stat.fi), about 500 original Swedish-language titles are published yearly in Finland and about an additional 100 publications are translated into Swedish.

Among the 50 songs most frequently played on P3 (the public service radio music channel [7]) in 2010, 88% were performed in English (five songs were in Swedish and one in French; note that many of the English-language songs were sung by Swedish performers). In other popular music charts, however, Swedish tends to fare somewhat better.

As for television, 74% of the programs on the public service channel SVT were of domestic origin in 1999, which implies the use of Swedish or – more rarely – one of the national minority languages. In the commercial TV channels TV3, TV4 and TV5, this proportion was between 12% and 49% [8, 79]. Again, a language other than Swedish almost invariably implies English, especially in the commercial channels.

In Finland, the national public broadcasting offers two radio channels in Swedish (http://svenska.yle.fi), and almost 20 hours of televised material, in addition to which a similar amount of Swedish TV programming is available exclusively on the web.

At the cinemas, Swedish films were responsible for about one fourth of the attendance around the turn of the millennium [8, 85], with – again – the remainder being almost exclusively in English.

3.2 PARTICULARITIES OF THE SWEDISH LANGUAGE

In general, Swedish is a relatively normal representative of European languages, and Germanic languages in particular. The most "exotic" aspects of the language are found in the domain of phonology, with notable features being:

- a phonemic pitch accent system;
- presence of the cross-linguistically unusual phoneme /ɧ/;
- an unusually large vowel system, including front rounded vowels (where the high vowels display an unusual two degrees of rounding: /ʉ y/); and
- rather liberal phonotactics with CCC onsets, and CCCC codas, yielding half a million potential syllables.

Structurally, Swedish generally follows the patterns typical of Germanic languages, including V2 word order. More unusual traits that might deserve mention include negation placement before the tensed verb in subordinate clauses, and the presence of a "reflexive possessive" in the third person (i. e., a special possessive form used if and only if the possessor is co-referential with the subject).

Swedish is a relatively normal representative of European languages.

In line with, e. g., German, the Swedish language features plenty of compounding, which may yield rather long words. While any native speaker phonologically marks these as compounds, and while they are written as one word in the prescriptive tradition, many writers produce a space in-between the constituent words, something that might be relevant for language technology purposes. A compound word such as *långhårig* 'long-haired' might thus be written *lång hårig*, which, in a more normative vein would be interpreted as 'tall (and) hairy'.

3.3 RECENT DEVELOPMENTS

Language legislation in Sweden was virtually non-existent until 1999, when a law on minority languages was passed by the parliament. It promoted five languages (Finnish, Saami, Romani, Yiddish and Meänkieli [or Torne Valley Finnish]) to the status of "official minority languages". Simultaneously Sweden ratified the *European Charter on Regional or Minority Languages* for these languages. In practice, however, the concrete effects of these measures were limited, and seemingly cosmetic in nature.

After the passing of the minority-language bill, some people found it odd that the country only had minority languages, but not an official majority language. As is the case in countries such as Britain and the United

States, the majority language was of course *de facto* official, but lacked *de jure* recognition. Therefore, a new language law became effective in 2009, which stipulated that Swedish is the "main language" (*huvudspråk*) of the country. The full text can be found in Svensk författningssamling (The Swedish Code of Statutes), No. 2009:600 [9].

It is difficult to deny that the text of this law is rather vacuous. Loosely translated, it states the obvious fact that "Swedish is the main language of Sweden", and that "every inhabitant of Sweden should have access to it". Speakers of any language (the "main" one, the five "minority" ones, and any other language) should be allowed to "use and develop" their mother tongue. The authorities have a "special responsibility" for protecting Swedish, the minority languages and Swedish Sign Language.

The closest that the new law gets to regulating actual behaviour would seem to be Section 10, which states that the language of "courts, authorities, and other administrative bodies performing public services" should be Swedish. A couple of complaints have been filed against authorities since, by individuals and organisations who have observed what they perceive as an excessive use of English, complaints which have met with varying degrees of success. They usually deal with symbolic issues such as the email addresses of the government ministries, which used the English name of the ministry in question, rather than the Swedish one.

For a convenient overview (in French) of language legislation issues with regard to Sweden (and indeed any other country in the world), the Canadian site *L'aménagement linguistique dans le monde* (http://www.tlfq.ulaval.ca/axl) can be recommended, it being as accurate as one can reasonably expect from a work that aspires to cover the entire planet.

3.4 OFFICIAL LANGUAGE PROTECTION IN SWEDEN

As mentioned above, the Swedish language has until recently not had any official recognition whatsoever in Sweden, and while it has been recognised as such in Finland, authorities have in general not interfered with the development and makeup of the language as such.

> The Swedish language only received official recognition in Sweden in 2009, while minority languages have enjoyed a legal status since 1999.

Some official or semi-official bodies, such as *Klarspråksgruppen* (the governmental committee 'Clear Language Group'), the Swedish Academy and *Svenska språknämnden* ('Swedish language board') have engaged in language cultivation, and are or were seen as having a normative mandate. In Finland, the *Institute for the Languages of Finland* fulfils a similar role. In 2006, the *Språkrådet* ('Language Council of Sweden'), was formed by the government, an organisation billing itself as the "official language cultivation body of Sweden". Its mission is to "monitor the development of spoken and written Swedish and also to monitor the use and status of all other languages spoken in Sweden [and to] strengthen Nordic language unity". However, their homepage (http://www.sprakradet.se/international) explicitly states that "all other languages spoken in Sweden" refers only to Swedish, the five official minority languages and Swedish Sign Language.
There are also a number of private initiatives, which usually combat anglicisms and the use of English at the expense of Swedish, with the most vocal being *Språkförsvaret* ('The language defence'), which enjoys a relatively limited following and a moderate degree of public awareness.

3.5 LANGUAGE IN EDUCATION

Education in Sweden (and in Swedish-speaking parts of Finland) is generally in Swedish, but there is concern in some circles about English encroaching on Swedish. University-level education in English is not rare, and at some departments, most of the teaching is done in English, regardless of whether or not foreigners are present [8, 25, 29f]. In 1999, 2–3% of the children attending public schools (primary and secondary levels) were taught in a language other than Swedish, which in three fourths of the cases meant English [8, 18f]. This phenomenon appears not to have been investigated since, but Falk noted that the proportion was rising steadily. She also referred to studies [8, 19] demonstrating that these children were less proficient in Swedish than their Swedish-educated peers.

There also exist a limited number of schools using other languages (German, French, Finnish ...) as their main medium of instruction. Specific classes using both Finnish and Swedish have existed, and to some extent still do, in public schools. The use of languages other than Swedish in public education has, however, generally been reduced to schools being obliged to offer mother tongue education outside of normal school hours, provided that it is required by a certain number of students. Here, the language does not have to be an officially recognised one, but can be any language, provided it is actively used in the home environment (though this proviso does not apply to the official minority languages).

In Finland, education in Swedish is offered from kindergarten to university level (in localities where there is a Swedish-speaking presence in the first place). The majority of the students are of course Swedish-speaking Finns, but some schools also have sizeable proportions of Finnish returnee migrants from Sweden, and sometimes also pupils with a purely Finnish background. In the latter case, the parents have taken the advantage of giving their children another language "for free", but concerns have been expressed that the lack of prior knowledge among these children risks turning them into a "Trojan horse", and that their presence might turn the classroom (or at least the school playground) into a Finnish-dominated language environment.

3.6 INTERNATIONAL ASPECTS

Outside Sweden, Swedish also enjoys official standing in Finland, whose statistic authorities claim 290,000 native speakers (about 5.5% of the nation's total population). Their number has been declining since the Second World War, and in terms of their proportion of the population in Finland, the Swedish Finns have been decreasing since the 17th century (when the percentage was about 16.5%).

While occasionally questioned, the status of Swedish in Finland is remarkably strong, given the small size of the minority (which, legally speaking, is not even considered a minority, but one of the two "domestic languages") and the relative lack of international currency of Swedish. All Finns are required to study Swedish, which of course does not guarantee that they leave school with any proficiency in it. Most in fact do not, but when questioned in a survey administered by the European Union, [10] 38% of those with Finnish as their mother tongue did claim capability of conversing in Swedish.

English is the most dominant foreign language in Sweden.

Indigenous Swedish-speaking communities are here (arbitrarily) defined as groups where the language survives more than three generational changes among a sizeable proportion. Such communities have also existed in four other (present-day) countries: Russia (small enclaves in the Petersburg and Karelian areas, which were mainly offshoots of Finland's Swedish-speaking population), the United States (where the language of the 17th century colony of New Sweden survived until the early 1800s), Estonia and later the Ukraine. In Estonia, the vast majority of the Swedish-speaking population (present there since at least the 13th century) of about 8,000 fled to Sweden in the wake of the Second World War, and the remaining individuals are probably to be counted in dozens (at most) rather than hundreds or thousands. The Ukrainian group descended from Estonian Swedes deported in the late 18th century. Most immigrated to Sweden and North America in 1929, and only a handful of survivors remain today.

Apart from these groups, Swedish-speakers outside of Sweden and Finland consist of immigrants and temporary expatriates from these two countries. The number is likely to be around 300,000 [11], mainly in the other Nordic countries, in western Europe, the United States, Canada and Australia. In none of these countries, however, they represent more than a negligible proportion of the recipient countries' total population.

Looking at Swedish international relations with regard to breaking through the communication barrier, we see that the vast majority of Swedish-speakers in Finland have a decent (and often impeccable) command of Finnish. For Sweden, EU statistics [12, 10] indicate that about 90% of the Swedish population claim to be capable of conversing in English, 28% in German, and 10% in French. During the entire post-war era, English has been a compulsory school subject, and most school children have studied either German or French (but rarely both).

Sweden's foremost trading partner is Germany, followed by Norway, Denmark and Britain.

A recent survey (http://www.ef.se/epi/) shows that Swedes are not only quantitatively more Anglophone than other nationalities, but that their English is also qualitatively impressive. Continuous media exposure is of course partly responsible for the high level of competence in English, but this does little to improve the knowledge of German or French. In 1994, Spanish was promoted to the same status in the school system as German and French, and it rapidly rose to become the most popular foreign language after English – mostly at the expense of German.

As of 2011, Sweden's foremost trading partner (according to *Statistics Sweden* – http://www.scb.se) is Germany, followed by (in order) Norway, Denmark, Britain, the Netherlands, Finland, the United States, France, Belgium, China and Russia.

Swedes travel extensively, but are not likely to use anything other than English on their trips abroad. Similarly, tourists travelling to Sweden will probably have a hard time being understood by Swedes if they use another language than English (or, of course, Swedish).

In short, the linguistic reality for the average Swedish native speaker in Sweden is such that only two languages co-exist: Swedish and English. The Swedes are proud of their knowledge of English – most of them do speak English and they speak it relatively well. Sweden is unusual, however, also because it relies to such an extent on one single *lingua franca*, where EU statistics [10] indicate that other Europeans are more likely to speak a variety of foreign languages. Indeed, respondents were asked whether they favoured (a) the current EU policy that every EU citizen should learn a language other than their mother tongue; and (b) whether they would favour a policy requiring the learning of *two* additional languages. The Swedes were resoundingly in favour of the first proposal, but were opposed to the second one to a higher degree than *any other* nationality.

Globally speaking, Swedish has a large number of native speakers (over 98% of the world's 6–7,000 languages have smaller native speaker communities). Additionally, its presence in public life is even larger than this number alone would suggest. It is very much a healthy language, with a secure position in Sweden (if not in Finland) in the short- to medium-term perspective. However, even though the only competition in the local linguistic ecology stems from English, it must not be ignored, for it is not negligible – as can be seen from the already strong position of English in the daily lives of many Swedes, which continues to strengthen.

3.7 SWEDISH ON THE INTERNET

Swedish is conspicuous on the web, and in some surveys that have been carried out in this regard, it consistently features among the 15 or so best represented languages in the world (see, e. g., [13, 63]). At the time of writing, Swedish ranks as number 11 among the languages used on Wikipedia. In other similar measures of media presence (film industry, economic power, etc.), Swedish is typically among the top 20 among the world's 6,000 or so languages, although in terms of native speakers, it only ranks about 85th [13, 55–64]. Swedish is also the dominant language in broadcasting in Sweden, including the nationwide public service networks. It should be kept in mind, however, that much of the material broadcast is of foreign origin, which in the overwhelming majority of cases means Anglo-American.

Swedish is a small language with a big web presence.

Swedes are in general keener on using the internet than most other nationalities, and more than two thirds of the adult population use it daily [14]. 85% of the population have access to a broadband connection, and more than half of the Swedes are internet users before the age of four.

4

LANGUAGE TECHNOLOGY SUPPORT FOR SWEDISH

Language technology (LT) is used to develop software systems designed to handle human language and are therefore often called "human language technology". Human language comes in spoken and written forms. In addition, sign language occurs naturally wherever the need arises. While speech and sign are the oldest, and in terms of human evolution, most natural forms of language communication, complex information and most human knowledge is stored and transmitted through the written word. Speech and text technologies process or produce these different forms of language, using dictionaries, rules of grammar, and semantics. This means that LT links language to various forms of knowledge, independently of the media (speech or text) in which it is expressed. Figure 2 illustrates the LT landscape.

When we communicate, we combine language with other modes of communication and information media – for example speaking can involve gestures and facial expressions. Digital texts link to pictures and sounds. Movies may contain language in spoken and written form. In other words, speech and text technologies overlap and interact with other multimodal communication and multimedia technologies.

In this section, we will discuss the main application areas of language technology, i. e., language checking, web search, speech interaction, and machine translation. These applications and basic technologies include:

- spelling correction
- authoring support
- computer-assisted language learning
- information retrieval
- information extraction
- text summarisation
- question answering
- speech recognition
- speech synthesis

Language technology is an established area of research with an extensive set of introductory literature. The interested reader is referred to the following references: [15, 16, 17, 18].

Before discussing the above application areas, we will briefly describe the architecture of a typical LT system.

4.1 APPLICATION ARCHITECTURES

Software applications for language processing typically consist of several components that mirror different aspects of language. While such applications tend to be very complex, figure 3 shows a highly simplified architecture of a typical text processing system. The first three modules handle the structure and meaning of the text input:

1. Pre-processing: cleans the data, analyses or removes formatting, detects the input languages, and so on.

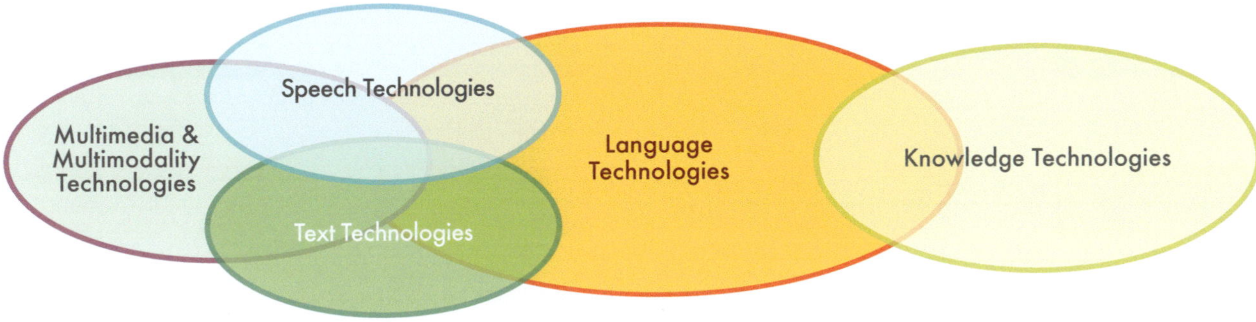

2: Language technologies

2. Grammatical analysis: finds the verb, its objects, modifiers and other sentence elements; detects the sentence structure.
3. Semantic analysis: performs disambiguation (i. e., computes the appropriate meaning of words in a given context); resolves anaphora (i. e., which pronouns refer to which nouns in the sentence); represents the meaning of the sentence in a machine-readable way.

After analysing the text, task-specific modules can perform other operations, such as automatic summarisation and database look-ups.

In the remainder of this section, we firstly introduce the core application areas for language technology, and follow this with a brief overview of the state of LT research and education today, and a description of past and present research programmes. Finally, we present an expert estimate of core LT tools and resources for Swedish in terms of various dimensions such as availability, maturity and quality. The general situation of LT for the Swedish language is summarised in figure 8 (p. 65) at the end of this chapter. This table lists all tools and resources that are boldfaced in the text. LT support for Swedish is also compared to other languages that are part of this series.

4.2 CORE APPLICATION AREAS

In this section, we focus on the most important LT tools and resources, and provide an overview of LT activities in Sweden.

4.2.1 Language Checking

Anyone who has used a word processor such as Microsoft Word knows that it has a spell checker that highlights spelling mistakes and proposes corrections. The earliest spelling correction programs compared a list of extracted words against a dictionary of correctly spelled words. Today these programs are far more sophisticated. Using language-dependent algorithms for **grammatical analysis**, they detect errors related to morphology (e. g., plural formation) as well as syntax–related errors, such as a missing verb or a conflict of verb-subject agreement (e. g., *she *write a letter*). However, most spell checkers will not find any errors in the following text [19]:

> I have a spelling checker,
> It came with my PC.
> It plane lee marks four my revue
> Miss steaks aye can knot sea.

Handling these kinds of errors usually requires an analysis of the context. For example:

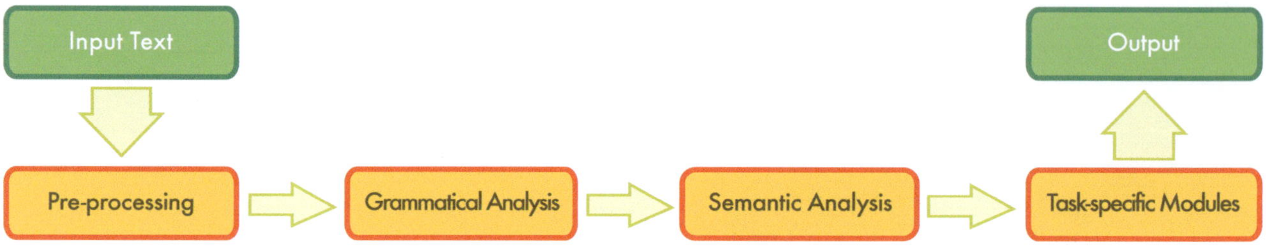

3: A typical text processing architecture

- *Faxen* blev tydligen *skickad* förra veckan, men jag har inte sett *den*.
  '*The fax* [machine] was supposedly *sent* [SINGULAR] last week, but I have not seen *it*.'
- *Faxen* blev tydligen *skickade* förra veckan, men jag har inte sett *dem*.
  '*The faxes* [messages] were supposedly *sent* [PLURAL] last week, but I have not seen *them*.'

This type of analysis either needs to draw on language-specific **grammars** laboriously coded into the software by experts, or on a statistical language model. In this case, a model calculates the probability of a particular word as it occurs in a specific position (e. g., between the words that precede and follow it). For example: *sölig bardisk* 'soiled bar' (literally 'soiled bar counter') is a much more probable word sequence than *sölig bar disk* 'soiled naked counter' (with the parts of the compound written separately). A statistical language model can be automatically created by using a large amount of (correct) language data, a **text corpus**. Most of these two approaches have been developed around data from English. However, they do not necessarily transfer straightforwardly to Swedish with its more flexible word order and compound word building.

Language checking is not limited to word processors; it is also used in "authoring support systems", i. e., software environments in which manuals and other types of technical documentation for complex IT, healthcare, engineering and other products, are written. To offset customer complaints about incorrect use and damage claims resulting from poorly understood instructions, companies are increasingly focusing on the quality of technical documentation while targeting the international market (via translation or localisation) at the same time. Advances in natural language processing have led to the development of authoring support software, which helps the writer of technical documentation to use vocabulary and sentence structures that are consistent with industry rules and (corporate) terminology restrictions.

The use of language checking is not limited to word processors. It also applies to authoring support systems.

Only a few Swedish companies and Language Service Providers offer products in this area, e. g., Scania and some SMEs.

Besides spell checkers and authoring support, language checking is also important in the field of computer-assisted language learning. Language checking applications also automatically correct search engine queries, as found in Google's *Did you mean...* suggestions.

Oribi (http://www.oribi.se) is a Swedish SME which develops assistive technology – including spell checking and word prediction – for individuals with reading and writing difficulties.

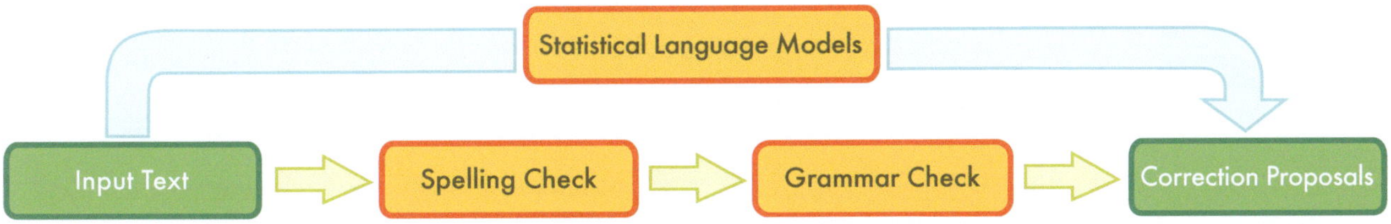

4: Language checking (top: statistical; bottom: rule-based)

4.2.2 Web Search

Searching the web, intranets or digital libraries is probably the most widely used yet largely underdeveloped language technology application today. The Google search engine, which started in 1998, now handles about 80% of all search queries [20]. The verb *googla* 'to google' even has an entry in the Swedish modern dictionaries. The Google search interface and results page display has not significantly changed since the first version. However, in the current version, Google offers spelling correction for misspelled words and incorporates basic semantic search capabilities that can improve search accuracy by analysing the meaning of terms in a search query context [21]. The Google success story shows that a large volume of data and efficient indexing techniques can deliver satisfactory results using a statistical approach to language processing.

The next generation of search engines will have to include much more sophisticated language technology.

For more sophisticated information requests, it is essential to integrate deeper linguistic knowledge to facilitate text interpretation. Experiments using **lexical resources** such as machine-readable thesauri or ontological language resources (e. g., WordNet for English or the Swedish SALDO [22]) have demonstrated improvements in finding pages using synonyms of the original search terms, such as *atomkraft* 'atomic energy', *kärnkraft* 'nuclear power' and *kärnenergi* 'nuclear energy', or even more loosely related terms (such as *fission* 'fission' or *reaktor* 'reactor').

The next generation of search engines will have to include much more sophisticated language technology, especially to deal with search queries consisting of a question or other sentence type rather than a list of keywords. For the query, *Give me a list of all companies that were taken over by other companies in the last five years*, a syntactic as well as **semantic analysis** is required. The system also needs to provide an index to quickly retrieve relevant documents. A satisfactory answer will require syntactic parsing to analyse the grammatical structure of the sentence and determine that the user wants companies that have been acquired, rather than companies that have acquired other companies. For the expression *last five years*, the system needs to determine the relevant range of years, taking into account the present year. The query then needs to be matched against a huge amount of unstructured data to find the pieces of information that are relevant to the user's request. This process is called information retrieval, and involves searching and ranking relevant documents. To generate a list of companies, the system also needs to recognise a particular string of words in a document represents a company name, using a process called named entity recognition.

A more demanding challenge is matching a query in one language with documents in another language. Cross-lingual information retrieval involves automati-

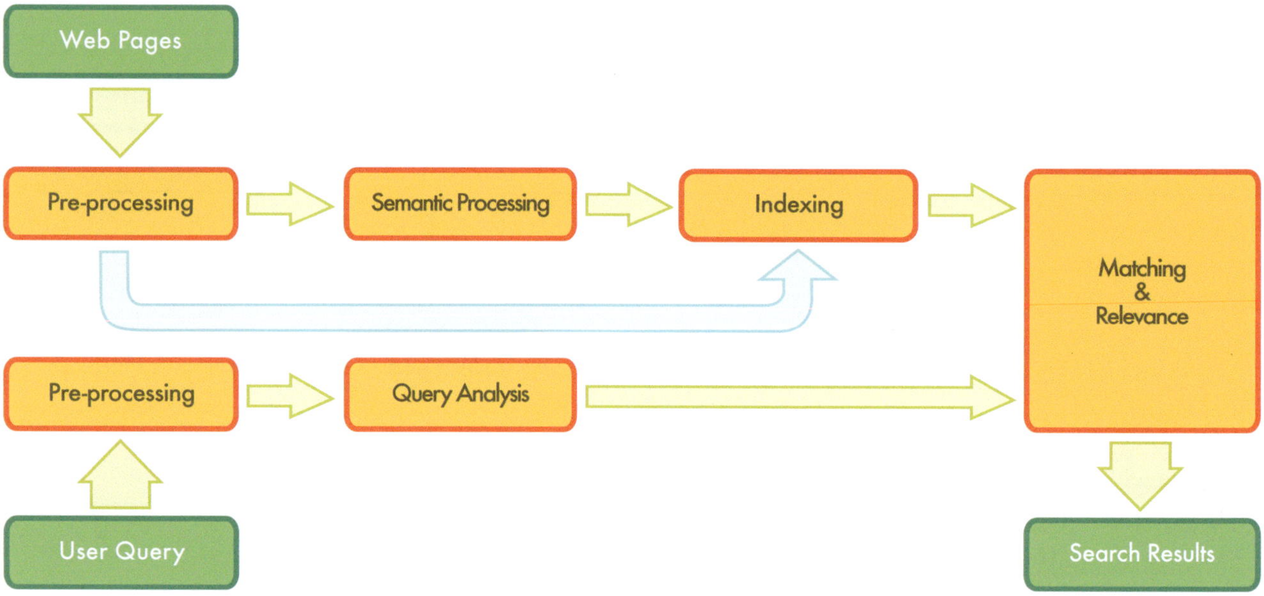

5: Web search

cally translating the query into all languages present in the document collection and then translating the results back into the user's target language.

Now that data is increasingly found in non-textual formats, there is a need for services that deliver multimedia information retrieval by searching images, audio files and video data. In the case of audio and video files, a speech recognition module must convert the speech content into text (or into a phonetic representation) that can then be matched against a user query.

Open source based technologies like Lucene and SOLr are often used by search-focused companies to provide the basic search infrastructure. Other search-based companies rely on international search technologies like, e. g., FAST or Exalead.

Focus on development for companies lies on providing add-ons and advanced search engines for special-interest portals by exploiting topic-relevant semantics. Due to the still high demands in processing power, such search engines are only economically usable on relatively small text corpora. Processing time easily exceeds that of a common statistical search engine, such as e. g., provided by Google, by a several orders of magnitude. These search engines also have high demand in topic-specific domain modelling, making it not feasible to use these mechanisms on web scale.

In Sweden, Hapax (http://www.hapax.com; now OpenAmplify) has spent a great amount of resources on developing these technologies around 2000–2005. Findwise (http://www.findewise.com) is a Swedish company offering multilingual LT-enabled search solutions primarily aimed at corporate intranets. A relatively recent Swedish startup company is Gavagai (http://www.gavagai.se).

4.2.3 Speech Interaction

Speech interaction is one of many application areas that depend on speech technology, i. e., technologies for processing spoken language. Speech interaction technology is used to create interfaces that enable users to interact in spoken language instead of using a graphical display, keyboard and mouse. Today, these voice user interfaces (VUI) are used for partially or fully automated telephone services provided by companies to customers, employees or partners. Business domains that rely heavily on VUIs include banking, supply chain, public transportation, and telecommunications. Other uses of speech interaction technology include interfaces to car navigation systems and the use of spoken language as an alternative to the graphical or touchscreen interfaces in smartphones.

Speech interaction technology comprises four technologies:

1. Automatic **speech recognition** (ASR) determines which words are actually spoken in a given sequence of sounds uttered by a user.
2. Natural language understanding analyses the syntactic structure of a user's utterance and interprets it according to the system in question.
3. Dialogue management determines which action to take given the user input and system functionality.
4. **Speech synthesis** (text-to-speech or TTS) transforms the system's reply into sounds for the user.

One of the major challenges of ASR systems is to accurately recognise the words a user utters. This means restricting the range of possible user utterances to a limited set of keywords, or manually creating language models that cover a large range of natural language utterances. Using machine learning techniques, language models can also be generated automatically from **speech corpora**, i. e., large collections of speech audio files and text transcriptions. Restricting utterances usually forces people to use the voice user interface in a rigid way and can damage user acceptance; but the creation, tuning and maintenance of rich language models will significantly increase costs. VUIs that employ language models (normally automatically created from speech corpora) and initially allow a user to express their intent more flexibly – prompted by a *How may I help you?* greeting – are better accepted by users.

Companies tend to use utterances pre-recorded by professional speakers for generating the output of the voice user interface. For static utterances where the wording does not depend on particular contexts of use or personal user data, this can deliver a rich user experience. But more dynamic content in an utterance may suffer from unnatural intonation because different parts of audio files have simply been strung together. Through optimisation, today's TTS systems are getting better at producing natural-sounding dynamic utterances.

Speech interaction is the basis for interfaces that allow a user to interact with spoken language.

Interfaces in speech interaction have been considerably standardised during the last decade in terms of their various technological components. There has also been strong market consolidation in speech recognition and speech synthesis. The national markets in the G20 countries (economically resilient countries with high populations) have been dominated by just five global players, with Nuance (USA) and Loquendo (Italy) being the most prominent players in Europe. In 2011, Nuance announced the acquisition of Loquendo, which represents a further step in market consolidation.

On the Swedish TTS market, there are voices developed e. g., by Acapela, headquartered in Stockholm and also by the Swedish Library of Talking Books and Braille (TPB). There is also a strong research community mainly based at KTH, Stockholm (who have also developed their own systems).

Regarding dialogue management technology and know-how, markets are strongly dominated by national players, which are usually SMEs. Today's key players in Sweden are Artificial Solutions and SpeechCraft, and among smaller SMEs we can mention Talkamatic

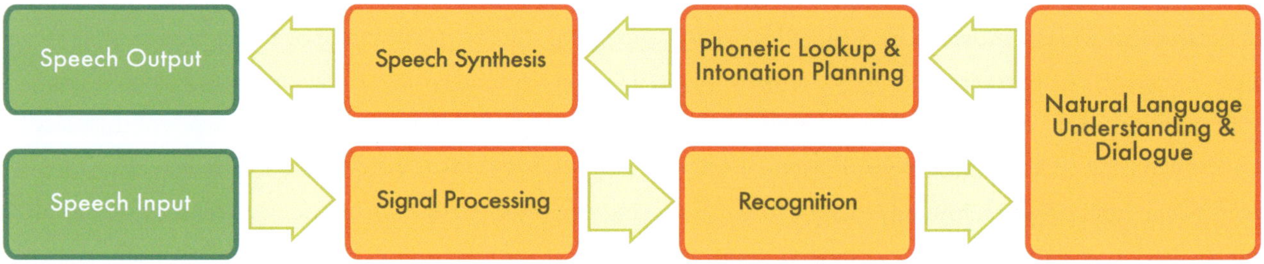

6: Speech-based dialogue system

(http://www.talkamatic.se/), a developer of in-vehicle dialogue systems for the automotive industry. Rather than exclusively relying on a product business based on software licenses, these companies have positioned themselves mostly as full-service providers that offer the creation of VUIs as a system integration service.

Finally, within the domain of speech interaction, a genuine market for the linguistic core technologies for syntactic and semantic analysis does not exist yet.

As for the actual employment of VUIs, demand in Sweden has strongly increased within the last 10 years. This tendency has been driven by end customers' increasing demand for customer self-service and the considerable cost optimisation aspect of automated telephone services, as well as by a significantly increased acceptance of spoken language as a modality for human-machine interaction.

These factors were catalysed by the creation of the Graduate School of Language Technology (GSLT) network, bringing together industry players, research institutes and enterprise customers. In collaboration with others, the school has organised national workshops and invited industry to give talks to the graduate students. As academic partners, the Centre for Language Technology (CLT) at the University of Gothenburg and the department of Speech, Music and Hearing at KTH, Stockholm, were strongly participating in this process of spreading the knowledge about the advantages of Speech Interaction among Swedish enterprises. Looking ahead, there will be significant changes, due to the spread of smartphones as a new platform for managing customer relationships, in addition to fixed telephones, the internet and e-mail. This will also affect how speech interaction technology is used. In the long term, there will be more telephone-based VUIs, and spoken language apps will play a far more central role as a user-friendly input for smartphones. This will be largely driven by stepwise improvements in the accuracy of speaker-independent speech recognition via the speech dictation services already offered as centralised services to smartphone users.

4.2.4 Machine Translation

The idea of using digital computers to translate natural languages goes back to 1946 and was followed by substantial funding for research during the 1950s and again in the 1980s. Yet **machine translation** (MT) still cannot deliver on its initial promise of across-the-board automated translation.

At its basic level, machine translation simply substitutes words in one natural language with words in another language.

The most basic approach to machine translation is the automatic replacement of the words in a text written

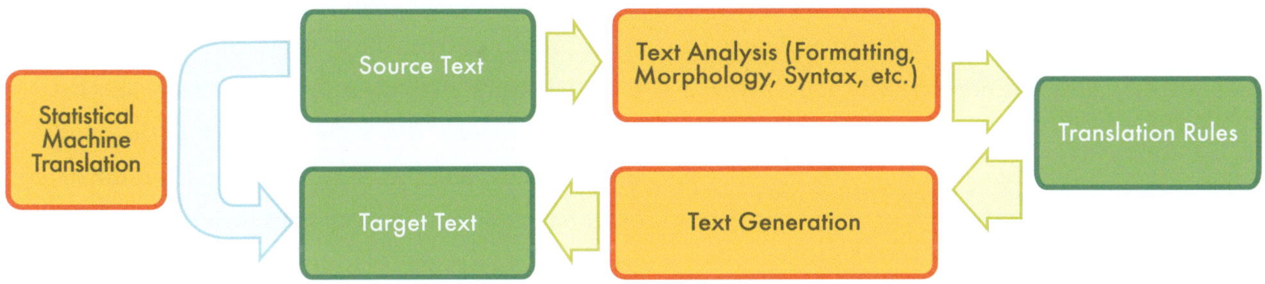

7: Machine translation (left: statistical; right: rule-based)

in one natural language with the equivalent words of another language. This can be useful in subject domains that have a very restricted, formulaic language such as weather reports. However, in order to produce a good translation of less restricted texts, larger text units (phrases, sentences, or even whole passages) need to be matched to their closest counterparts in the target language. The major difficulty is that human language is ambiguous. Ambiguity creates challenges on multiple levels, such as word sense disambiguation at the lexical level (a *jaguar* is a brand of car or an animal) or the assignment of case on the syntactic level, for example:

- *Polisen betraktade mannen med kikaren.*
  'The policeman observed the man with the binoculars.'
- *Polisen betraktade mannen med revolvern.*
  'The policeman observed the man with the revolver.'

One way to build an MT system is to use linguistic rules. For translations between closely related languages, a translation using direct substitution may be feasible, such as the one indicated above. However, rule-based (or linguistic knowledge-driven) systems often analyse the input text and create an intermediary symbolic representation from which the target language text can be generated. The success of these methods is highly dependent on the availability of extensive lexicons with morphological, syntactic, and semantic information, and large sets of grammar rules carefully designed by skilled linguists. This is a very long and therefore costly process.

In the late 1980s when computational power increased and became cheaper, interest in statistical models for machine translation began to grow. Statistical models are derived from analysing bilingual text corpora, **parallel corpora**, such as the Europarl parallel corpus, which contains the proceedings of the European Parliament in 21 European languages. Given enough data, statistical MT works well enough to derive an approximate meaning of a foreign language text by processing parallel versions and finding plausible patterns of words. Unlike knowledge-driven systems, however, statistical (or data-driven) MT systems often generate ungrammatical output. Data-driven MT is advantageous because less human effort is required, and it can also cover special particularities of the language (e. g., idiomatic expressions) that are often ignored in knowledge-driven systems.

The strengths and weaknesses of knowledge-driven and data-driven machine translation tend to be complementary, so that nowadays researchers focus on hybrid approaches that combine both methodologies. One such approach uses both knowledge-driven and data-driven systems, together with a selection module that decides on the best output for each sentence. However, results for sentences longer than, say, 12 words, will often be far from perfect. A more effective solution is to combine the best parts of each sentence from multiple outputs; this can be fairly complex, as corresponding parts of multiple alternatives are not always obvious and need to be aligned.

Swedish offers several challenges for machine translation.

For Swedish, a challenging aspect of machine translation stems from the possibility of creating arbitrary new words by compounding, which makes dictionary analysis and dictionary coverage difficult. Other challenges arise from grammatical phenomena such as word order variation, which makes it harder to find the main functional constituents of sentences. The alternation in particle (phrasal) verbs between a freestanding particle in some forms and a bound prefix in others complicates dictionary analysis.

A few machine translation systems handle Swedish currently and only a few of the larger commercial actors work on developing Swedish. In addition, there are some SMEs active in the field, e. g., Convertus AB (http://www.convertus.se/home-en.html).

Provided that good adaptation is available in terms of user-specific terminology and workflow integration, the use of machine translation can increase productivity significantly. Commercial actors have developed special systems for interactive translation support. Language portals provide access to dictionaries and company-specific terminology, translation memory and machine translation support. An SME specializing in multilingual terminology mining and terminology management is Fodina Language Technology (http://www.fodina.se/en).

There is still a huge potential for improving the quality of MT systems. The challenges involve adapting language resources to a given subject domain or user area, and integrating the technology into workflows that already have term bases and translation memories. Another problem is that most of the current systems are English-centred and only support a few languages from and into Swedish. This leads to friction in the translation workflow and forces MT users to learn different lexicon coding tools for different systems.

Evaluation campaigns help to compare the quality of MT systems, the different approaches and the status of the systems for different language pairs. Figure 8, (p. 26) which was prepared during the EC EuroMatrix+ project, shows the pair-wise performances obtained for 22 of the 23 official EU languages (Irish was not compared). The results are ranked according to a BLEU score, which indicates higher scores for better translations [23]. A human translator would normally achieve a score of around 80 points.

The best results (in green and blue) were achieved by languages that benefit from a considerable research effort in coordinated programmes and the existence of many parallel corpora (e. g., English, French, Dutch, Spanish and German). The languages with poorer results are shown in red. These languages either lack such development efforts or are structurally very different from the other languages (e. g., Hungarian, Maltese and Finnish).

4.3 OTHER APPLICATION AREAS

Building language technology applications involves a range of subtasks that do not always surface at the level of interaction with the user, but they provide significant service functionalities "behind the scenes" of the system in question. They all form important research issues that have now evolved into individual sub-disciplines of computational linguistics. Question answering, for example, is an active area of research for which annotated corpora have been built and scientific competitions have been initiated. The concept of question answering goes beyond keyword-based searches (in which the search engine responds by delivering a collection of potentially relevant documents) and enables users to ask a concrete question to which the system provides a single answer. For example:

> *Question: How old was Neil Armstrong when he stepped on the moon?*
>
> *Answer: 38.*

While question answering is obviously related to the core area of web search, it is nowadays an umbrella term for such research issues as which different types of questions exist, and how they should be handled; how a set of documents that potentially contain the answer can be analysed and compared (do they provide conflicting answers?); and how specific information (the answer) can be reliably extracted from a document without ignoring the context.

Language technology applications often provide significant service functionalities "behind the scenes" of larger software systems.

Question answering is in turn related to information extraction (IE), an extremely popular and influential area when computational linguistics took a statistical turn in the early 1990s. IE aims to identify specific pieces of information in specific document classes, such as the key players in company takeovers as reported in newspaper stories. Another common scenario that has been studied is reports on terrorist incidents. The task here consists of mapping appropriate parts of the text to a template that specifies the perpetrator, target, time, location and results of the incident. Domain-specific template-filling is the central characteristic of IE, which makes it another example of a "behind the scenes" technology that forms a well-demarcated research area, which in practice needs to be embedded into a suitable application environment.

Text summarisation and **text generation** are two borderline areas that can act either as standalone applications or play a supporting role. Summarisation attempts to give the essentials of a long text in a short form, and is one of the features available in Microsoft Word. It mostly uses a statistical approach to identify the "important" words in a text (i. e., words that occur very frequently in the text in question but less frequently in general language use) and determine which sentences contain the most of these "important" words. These sentences are then extracted and put together to create the summary. In this very common commercial scenario, summarisation is simply a form of sentence extraction, and the text is reduced to a subset of its sentences.

For Swedish, research in most text technologies is much less developed than for English.

An alternative approach, for which some research has been carried out, is to generate brand new sentences that do not exist in the source text. This requires a deeper understanding of the text, which means that so far this approach is far less robust. On the whole, a text generator is rarely used as a stand-alone application but is embedded into a larger software environment, such as a clinical information system that collects, stores and processes patient data. Creating reports is just one of many applications for text summarisation.

For Swedish, research in these text technologies is much less developed than for the English language. Question answering, information extraction, and summarisation have been the focus of numerous open competitions in the USA since the 1990s, primarily organised by the government-sponsored organisations DARPA (Defense Advanced Research Projects Agency) and NIST (National Institute of Standards and Technology). These competitions have significantly improved the state of the art, but their focus has mostly been on the English language; some competitions have added multilingual tracks, but Swedish was never prominent. Accordingly, there are hardly any annotated corpora or other resources for these tasks. When summarisation systems use purely statistical methods, they are largely language-independent and a number of research prototypes are available. For text generation, reusable components have traditionally been limited to surface realisation modules (generation grammars) and most of the available software is for the English language.

4.4 EDUCATIONAL PROGRAMMES

Language technology is a very interdisciplinary field that involves the combined expertise of linguists, computer scientists, mathematicians, philosophers, psycholinguists, and neuroscientists among others.

Research in language technology started in Sweden already in the late 1960s, and after a slow but steady progress through the 1970s and 1980s, quite a lot of resources were invested in language technology research in the 1990s. The investments have contributed to a relatively well-developed Swedish research community with good organisation. In 2001, the National Graduate School of Language Technology (GSLT) was established by the Swedish government as one of sixteen national graduate schools.

The graduate school is hosted by the University of Gothenburg, but is a collaboration between the following centres:

- University of Gothenburg
- University College of Borås
- Chalmers University of Technology (Gothenburg)
- KTH (Royal Institute of Technology; Stockholm)
- Linköping University
- Lund University
- Stockholm University
- Uppsala University

Supervision is also available from SICS (Swedish Institute of Computer Science; Stockholm; http://www.sics.se). Between 2001 and 2010 the University College of Skövde and Linnaeus University (Växjö University) were part of GSLT. At the time of writing, more than 30 PhD degrees have been awarded in the framework of GSLT, in a number of academic subjects, but with a concentration in Linguistics, Computer Science, and Speech Processing. GSLT has contributed significantly to the development of language technology in Sweden bringing different research centers and researchers together. It has made it possible to hold national courses and provide high-quality supervision. The PhD courses have also been offered to Nordic and Baltic PhD students through the NGSLT (Nordic Graduate School of Language Technology) network, funded by NorFA in the years 2004–2009. Through its national networking aspect GSLT has also contributed to several new research collaborations and joint proposals to national research funding agencies.

Currently, there are two master's programmes in language technology, one in Gothenburg and one in Uppsala. Up until recently several universities also had undergraduate programmes in computational linguistics (e. g., Lund University, University of Gothenburg, Uppsala University, Stockholm University) but the number of students has been dropping for several years, which is why new initiatives have been taken with the master's programmes, thus broadening the recruitment base.

4.5 NATIONAL PROJECTS AND INITIATIVES

The existence of a relatively lively LT sector in Sweden can be traced back to an early start and some major national LT programmes organised in the last decades.

For some years the Swedish Language council and GSLT have cooperated in building and maintaining http://sprakteknologi.se, a web portal for Swedish language technology with information about activities, resources, products and actors, both academic and commercial. At this site, more detailed information about these activities can be found than space permits us to provide here.
As a result of the relatively long history of the field in Sweden, there is an unusually large number of active language technology research centres considering the size of the country:

- Gothenburg: *Centre for Language Technology*, a collaboration between University of Gothenburg and Chalmers University of Technology
- Linköping University
- Lund University
- Stockholm: *Center for Speech Technology* (KTH; Royal Institute of Technology); Stockholm University; SICS (Swedish Institute of Computer Science); Swedish Language Council
- Uppsala University

As already mentioned, there is also a number of SMEs – often spin-offs from the academic research centers – speech technology being somewhat better represented than text technology, no doubt because of the world leading research in speech technology which has been conducted at KTH since the 1950s.
The Swedish research groups have, on the whole, worked without any form of national coordination. However, the LT research programmes funded in the 1990s and the existence of GSLT during the subsequent decade have stimulated cooperation among the groups, and we have seen research collaboration on, e. g., *machine translation and multilingual terminology extraction* (Gothenburg, Linköping and Uppsala) and *resource construction* (SUC – Stockholm Umeå Corpus).

Starting in the 1970s, Språkbanken (the Swedish Language Bank; Gothenburg) has systematically collected, refined and distributed Swedish language resources – in particular rich lexical resources – and in this connection developed tools and infrastructur for using the resources. A current central effort is the work on the Swedish FrameNet [25], a large-scale semantic lexicon resource for Swedish.

The Center for Speech Technology at KTH (Royal Institute of Technology; Stockholm) – one of the leading European research centers in the area of speech technology – has for many years systematically built a resource and tool base for Swedish speech technology.

During recent years, projects for automatical grammatical analysis of Swedish have been conducted at Gothenburg, Lund and Uppsala, and various aspects of automatic semantic processing have been developed by these and other groups, e. g., in the context of information access at SICS.

Recently, Swedish research groups have joined their efforts in national initiatives, with the primary aim of strengthening the basic research infrastructure. These activities have resulted in some major national proposals to the Swedish Research Council involving all the research groups and also some other stakeholders, so far without success, however. The need for a national LT infrastructure has now been perceived also outside the LT research community, and the Swedish Ministry of Culture has commissioned a report on a national linguistic infrastructure [26].

As we have seen, previous programmes have led to the development of a number of LT tools and resources for the Swedish language. The following section summarises the current state of LT support for Swedish.

4.6 AVAILABILITY OF TOOLS AND RESOURCES

Figure 8 provides a rating for language technology support for the Swedish language. This rating of existing tools and resources was generated by leading experts in the field who provided estimates based on a scale from 0 (very low) to 6 (very high) using seven criteria.
The key results for Swedish language technology can be summed up as follows:

- On the one hand, processing of written text currently seems to be more mature than speech processing. On the other hand, speech technology – and less so text technology – has already been successfully integrated into many everyday applications, from spoken dialogue systems and voice-based interfaces to mobile phones and car navigation systems.
- As for many other languages, it is clear that the "lower" levels of linguistic analysis – e. g., morphological and syntactic processing, as well as basic speech processing – are much better catered for than, e. g., semantics, text linguistics and pragmatics. Advanced technologies that require deep linguistic processing and semantic knowledge are still in their infancy.
- As to resources, if we think of the Swedish situation in terms of the BLARK (Basic LAnguage Resource Kit) concept [27, 28], we may note that there is a conspicuous lack of certain basic resources:

  While there are some – mainly small – specific corpora of high quality, a large balanced corpus (a "national corpus") [29] does not exist, nor is a large syntactically annotated and manually validated corpus (treebank) available for Swedish. Corpus access is also generally restricted because many copyright issues remain to be resolved.

  No full-scale Swedish wordnet is available to the language technology community.

  In the area of multilingual resources, there is a clear focus on Swedish–English resources (and Swedish–English/English–Swedish machine translation), and not much in the way of support for other languages, e. g., the national minority languages, other Nordic languages, and other important European and world languages than English.
- Many of the tools and resources lack standardisation, i. e., even if they exist, sustainability and interoperability are not a given; concerted programmes and initiatives are needed to standardise data, information models and interchange formats.
- An unclear legal situation restricts the use of digital texts, e. g., those published online by newspapers, for empirical linguistic and language technology research, such as training statistical language models. Together with politicians and policy makers, researchers should try to establish laws or regulations that enable researchers to use publicly available texts for language-related R&D activities.
- The cooperation between the language technology community and those involved with the Semantic Web and the closely related Linked Open Data movement should be intensified with the goal of establishing a collaboratively maintained, machine-readable knowledge base that can be used both in web-based information systems and as semantic knowledge bases in LT applications. Ideally, this endeavour should be addressed multilingually on the European scale.

The most urgent needs of Swedish language technology at present are (in order of decreasing feasibility/increasing cost):

1. Standardisation (for interoperabilty, of data and content formats, as well as APIs) of existing basic open source/open content tools and resources, in order to make them generally available to the research community and industry.

	Quantity	Availability	Quality	Coverage	Maturity	Sustainability	Adaptability
Language Technology: Tools, Technologies and Applications							
Speech Recognition	2	1	3	4	5	5	5
Speech Synthesis	3	1	3	3	3	3	3
Grammatical analysis	4.5	3.5	5	4	5	5	5
Semantic analysis	1.5	1	2	1.5	1.5	1	1.5
Text generation	3	3	3	2	4	3	4
Machine translation	3	1	3	1	4	3	3
Language Resources: Resources, Data and Knowledge Bases							
Text corpora	2	2.5	3.5	3	5	5	5
Speech corpora	4	3	3	3	5	4	4
Parallel corpora	3	1	5	3	5	5	5
Lexical resources	4	2	5	4	3.5	4	4
Grammars	3	2	3	3	3	4	5

8: State of language technology support for Swedish

2. Negotiations with the aim of improving licensing conditions of other existing basic tools and resources. If negotiations are successful, such tools and resources can then be standardised as in the preceding point.

3. Creation of missing basic tools and resources in standard formats with maximally open licenses, e. g., a Swedish national corpus (which could include a treebank component and a number of parallel corpora) [29] and a full-scale open Swedish wordnet linked to the English Princeton WordNet.

4. Basic research on the higher levels of automatic linguistic analysis for Swedish, and on integration of statistical and rule-based language technology, not least in order to aim for a closer interaction between speech and text technology.

4.7 CROSS-LANGUAGE COMPARISON

The current state of LT support varies considerably from one language community to another. In order to compare the situation between languages, this section will present an evaluation based on two sample application areas (machine translation and speech processing) and one underlying technology (text analysis), as well as basic resources needed for building LT applications. The languages were categorised using a five-point scale:

1. Excellent support
2. Good support
3. Moderate support
4. Fragmentary support
5. Weak or no support

LT support was measured according to the following criteria:

Speech processing: Quality of existing speech recognition technologies, quality of existing speech synthesis technologies, coverage of domains, number and size of existing speech corpora, amount and variety of available speech-based applications.

Machine translation: Quality of existing MT technologies, number of language pairs covered, coverage of linguistic phenomena and domains, quality and size of existing parallel corpora, amount and variety of available MT applications.

Text analysis: Quality and coverage of existing text analysis technologies (morphology, syntax, semantics), coverage of linguistic phenomena and domains, amount and variety of available applications, quality and size of existing (annotated) text corpora, quality and coverage of existing lexical resources (e. g., WordNet) and grammars.

Resources: Quality and size of existing text corpora, speech corpora and parallel corpora, quality and coverage of existing lexical resources and grammars.

Figures 9 to 12 show that, first of all, English is in a class of its own when it comes to both basic application areas and language technology resources, being in the lead in almost all LT areas. And yet there are still plenty of gaps in English language resources with regard to high quality applications.

Thanks to an active LT research community with roots going back to the 1960s, and thanks to the national LT funding programmes of the 1990s, Swedish generally falls somewhere in the middle in comparison with other European languages. It fares better in the area of language resources, but worse when it comes to machine translation.

For speech processing, current technologies perform well enough to be successfully integrated into a number of industrial applications such as spoken dialogue and dictation systems. Today's text analysis components and language resources already cover the linguistic phenomena of Swedish to a certain extent and form part of many applications involving mostly shallow natural language processing, e. g., spelling correction and authoring support.

Swedish generally falls somewhere in the middle in comparison with other European languages.

However, for building more sophisticated applications, such as high-quality machine translation between Swedish and several other languages, there is a clear need for resources and technologies that cover a wider range of linguistic aspects and enable a deep semantic analysis of the input text. By improving the quality and coverage of these basic resources and technologies, we shall be able to open up new opportunities for tackling a broader range of advanced application areas.

4.8 CONCLUSIONS

In this series of white papers, we have provided the first high-level comparison of language technology support across 30 European languages. By identifying the gaps, needs and deficits, the European language technology community and its related stakeholders are now in a position to design a large scale research and development programme aimed at building truly multilingual, technology-enabled communication across Europe.

The results of this white paper series show that there is a dramatic difference in language technology support between the various European languages. While there are good quality software and resources available for some languages and application areas, others, usually smaller languages, have substantial gaps. Many languages lack basic technologies for text analysis and the essential resources. Others have basic tools and resources but the implementation of, for example, semantic methods is still far away. Therefore a large-scale effort is needed to attain the ambitious goal of providing high-quality language technology support for all European languages, for example through high quality machine translation.

As already mentioned, Language Technology research has been pursued in Sweden since the 1960s, and the research community forms a close-knit national network, in no small part due to the existence of the national graduate school of language technology.

Compared to many other languages, Swedish is reasonably well endowed with language tools and resources. However, there is certainly room for improvement; the scope of the resources and the range of tools are still very limited when compared to English and some other major languages, and they are simply not sufficient in quality and quantity to develop the kind of technologies required to support a truly multilingual knowledge society. Also, in many cases, although tools and resources exist, their wider use is hampered by proprietary licenses or arcane data formats, or both.

We cannot simply transfer technologies already developed and optimised for the English language to handle Swedish. English-based systems for grammatical analysis of word and sentence structure typically perform far less well on Swedish texts, due to the specific characteristics of the Swedish language. Our findings lead to the conclusion that the only way forward is to make a substantial effort to create language technology resources for Swedish, as a means to drive forward research, innovation and development. The need for large amounts of data and the extreme complexity of language technology systems makes it vital to develop an infrastructure and a coherent research organisation to spur greater sharing and cooperation.

Finally there is a lack of continuity in research and development funding. Short-term coordinated programmes tend to alternate with periods of sparse or zero funding. In addition, there is an overall lack of coordination with programmes in other EU countries and at the European Commission level.

The long term goal of META-NET is to enable the creation of high-quality language technology for all languages. This requires all stakeholders – in politics, research, business, and society – to unite their efforts. The resulting technology will help tear down existing barriers and build bridges between Europe's languages, paving the way for political and economic unity through cultural diversity.

Excellent support	Good support	Moderate support	Fragmentary support	Weak/no support
	English	Czech	Basque	Croatian
		Dutch	Bulgarian	Icelandic
		Finnish	Catalan	Latvian
		French	Danish	Lithuanian
		German	Estonian	Maltese
		Italian	Galician	Romanian
		Portuguese	Greek	
		Spanish	Hungarian	
			Irish	
			Norwegian	
			Polish	
			Serbian	
			Slovak	
			Slovene	
			Swedish	

9: Speech processing: State of language technology support for 30 European languages

Excellent support	Good support	Moderate support	Fragmentary support	Weak/no support
	English	French	Catalan	Basque
		Spanish	Dutch	Bulgarian
			German	Croatian
			Hungarian	Czech
			Italian	Danish
			Polish	Estonian
			Romanian	Finnish
				Galician
				Greek
				Icelandic
				Irish
				Latvian
				Lithuanian
				Maltese
				Norwegian
				Portuguese
				Serbian
				Slovak
				Slovene
				Swedish

10: Machine translation: State of language technology support for 30 European languages

Excellent support	Good support	Moderate support	Fragmentary support	Weak/no support
	English	Dutch	Basque	Croatian
		French	Bulgarian	Estonian
		German	Catalan	Icelandic
		Italian	Czech	Irish
		Spanish	Danish	Latvian
			Finnish	Lithuanian
			Galician	Maltese
			Greek	Serbian
			Hungarian	
			Norwegian	
			Polish	
			Portuguese	
			Romanian	
			Slovak	
			Slovene	
			Swedish	

11: Text analysis: State of language technology support for 30 European languages

Excellent support	Good support	Moderate support	Fragmentary support	Weak/no support
	English	Czech	Basque	Icelandic
		Dutch	Bulgarian	Irish
		French	Catalan	Latvian
		German	Croatian	Lithuanian
		Hungarian	Danish	Maltese
		Italian	Estonian	
		Polish	Finnish	
		Spanish	Galician	
		Swedish	Greek	
			Norwegian	
			Portuguese	
			Romanian	
			Serbian	
			Slovak	
			Slovene	

12: Speech and text resources: State of support for 30 European languages

ABOUT META-NET

META-NET is a Network of Excellence partially funded by the European Commission [30]. The network currently consists of 54 research centres in 33 European countries. META-NET forges META, the Multilingual Europe Technology Alliance, a growing community of language technology professionals and organisations in Europe. META-NET fosters the technological foundations for a truly multilingual European information society that:

- makes communication and cooperation possible across languages;
- grants all Europeans equal access to information and knowledge regardless of their language;
- builds upon and advances functionalities of networked information technology.

The network supports a Europe that unites as a single digital market and information space. It stimulates and promotes multilingual technologies for all European languages. These technologies support automatic translation, content production, information processing and knowledge management for a wide variety of subject domains and applications. They also enable intuitive language-based interfaces to technology ranging from household electronics, machinery and vehicles to computers and robots. Launched on 1 February 2010, META-NET has already conducted various activities in its three lines of action META-VISION, META-SHARE and META-RESEARCH.

META-VISION fosters a dynamic and influential stakeholder community that unites around a shared vision and a common strategic research agenda (SRA). The main focus of this activity is to build a coherent and cohesive LT community in Europe by bringing together representatives from highly fragmented and diverse groups of stakeholders. The present White Paper was prepared together with volumes for 29 other languages. The shared technology vision was developed in three sectorial Vision Groups. The META Technology Council was established in order to discuss and to prepare the SRA based on the vision in close interaction with the entire LT community.

META-SHARE creates an open, distributed facility for exchanging and sharing resources. The peer-to-peer network of repositories will contain language data, tools and web services that are documented with high-quality metadata and organised in standardised categories. The resources can be readily accessed and uniformly searched. The available resources include free, open source materials as well as restricted, commercially available, fee-based items.

META-RESEARCH builds bridges to related technology fields. This activity seeks to leverage advances in other fields and to capitalise on innovative research that can benefit language technology. In particular, the action line focuses on conducting leading-edge research in machine translation, collecting data, preparing data sets and organising language resources for evaluation purposes; compiling inventories of tools and methods; and organising workshops and training events for members of the community.

office@meta-net.eu – http://www.meta-net.eu

A

LITTERATUR REFERENCES

[1] Aljoscha Burchardt, Markus Egg, Kathrin Eichler, Brigitte Krenn, Jörn Kreutel, Annette Leßmöllmann, Georg Rehm, Manfred Stede, Hans Uszkoreit, and Martin Volk. *Die Deutsche Sprache im Digitalen Zeitalter – The German Language in the Digital Age*. META-NET White Paper Series. Georg Rehm and Hans Uszkoreit (Series Editors). Springer, 2012.

[2] Directorate-General Information Society & Media of the European Commission. User Language Preferences Online, 2011. http://ec.europa.eu/public_opinion/flash/fl_313_en.pdf.

[3] European Commission. Multilingualism: an Asset for Europe and a Shared Commitment, 2008. http://ec.europa.eu/languages/pdf/comm2008_en.pdf.

[4] Directorate-General of the UNESCO. Intersectoral Mid-term Strategy on Languages and Multilingualism, 2007. http://unesdoc.unesco.org/images/0015/001503/150335e.pdf.

[5] Directorate-General for Translation of the European Commission. Size of the Language Industry in the EU, 2009. http://ec.europa.eu/dgs/translation/publications/studies.

[6] Mikael Parkvall. Sveriges språk – vem talar vad och var? (The languages of Sweden. Who speaks what and where?), 2009.

[7] P3 (The Swedish public service radio music channel), 2010. http://sverigesradio.se/sida/artikel.aspx?programid=3040\&artikel=4262315.

[8] Maria Falk. Domänförluster i svenskan (Domain loss in Swedish). Utredning för Nordiska Ministerrådets språkpolitiska referensgrupp (Report to the Reference group on language policy of the Nordic Council of Ministers), 2001.

[9] Svensk författningssamling (The Swedish Code of Statutes), 2009. http://www.riksdagen.se/webbnav/index.aspx?nid=3911\&bet=2009:600.

[10] Directorate-General for Education and Culture. Europeans and their Languages, 2006. http://ec.europa.eu/public_opinion/archives/ebs/ebs_243_en.pdf.

[11] Mikael Parkvall. Invandrarspråk (Immigrant languages). In Östen Dahl and Lars-Erik Edlund, editors, *Språken i Sverige (The languages of Sweden)*, pages 142–147. Sveriges Nationalatlas, Stockholm, 2010.

[12] Directorate-General Press and Communication. Europeans and Languages, 2005. http://ec.europa.eu/public_opinion/archives/ebs/ebs_237.en.pdf.

[13] Mikael Parkvall. *Limits of language*. Battlebridge, London, 2006.

[14] Olle Findahl. *Svenskarna och Internet 2010 (The Swedes and Internet 2010)*. .SE (Stiftelsen för Internetinfrastruktur), 2010.

[15] Daniel Jurafsky and James H. Martin. *Speech and Language Processing (2nd Edition)*. Prentice Hall, 2009.

[16] Christopher D. Manning and Hinrich Schütze. *Foundations of Statistical Natural Language Processing*. MIT Press, 1999.

[17] DFKI. Language Technology World (LT World). http://www.lt-world.org/.

[18] Ronald Cole, Joseph Mariani, Hans Uszkoreit, Giovanni Battista Varile, Annie Zaenen, and Antonio Zampolli, editors. *Survey of the State of the Art in Human Language Technology (Studies in Natural Language Processing)*. Cambridge University Press, 1998.

[19] Jerrold H. Zar. Candidate for a Pullet Surprise. *Journal of Irreproducible Results*, page 13, 1994.

[20] Spiegel Online. Google zieht weiter davon (Google is still leaving everybody behind), 2009. http://www.spiegel.de/netzwelt/web/0,1518,619398,00.html.

[21] Juan Carlos Perez. Google rolls out semantic search capabilities, 2009. http://www.pcworld.com/businesscenter/article/161869/google_rolls_out_semantic_search_capabilities.html.

[22] Språkbanken. SALDO. http://spraakbanken.gu.se/eng/resource/saldo.

[23] Kishore Papineni, Salim Roukos, Todd Ward, and Wei-Jing Zhu. BLEU: A Method for Automatic Evaluation of Machine Translation. In *Proceedings of the 40th Annual Meeting of ACL*, Philadelphia, PA, 2002.

[24] Philipp Koehn, Alexandra Birch, and Ralf Steinberger. 462 Machine Translation Systems for Europe. In *Proceedings of MT Summit XII*, 2009.

[25] Språkbanken. Swedish FrameNet. http://spraakbanken.gu.se/eng/swefn.

[26] Språkrådet. Infrastruktur för språken i Sverige – Förslag till nationell språkinfrastruktur för det digitala samhället. Beredningsunderlag till regeringen enligt uppdrag Ku2011/860/KA (An infrastructure for the languages of Sweden – Proposal for a national linguistic infrastructure for the digital society. Report to the government as per directive Ku2011/860/KA), February 2012. http://www.sprakradet.se/13065.

[27] Steven Krauwer. The Basic Language Resource Kit (BLARK) as the first milestone for the language resources roadmap. In *Proceedings of SPECOM 2003*, Moscow, 2003.

[28] Kjell Elenius, Eva Forsbom, and Beáta Megyesi. Language resources and tools for Swedish: A survey. In *Proceedings of LREC 2008*, Marrakech, 2008. ELRA.

[29] Maia Andréasson, Lars Borin, and Magnus Merkel. Habeas Corpus: A survey for SNK – a Swedish national corpus, 2008. http://spraakbanken.gu.se/personal/lars/sd-pub/GU-ISS-2008-01.pdf.

[30] Georg Rehm and Hans Uszkoreit. Multilingual Europe: A challenge for language tech (Das mehrsprachige Europa: Eine Herausforderung für die Sprachtechnologie). *MultiLingual*, 22(3):51–52, April/May 2011.

B

META-NETS MEDLEMMAR | META-NET MEMBERS

Belgien	Belgium	Computational Linguistics and Psycholinguistics Research Centre, University of Antwerp: Walter Daelemans
		Centre for Proc. Speech and Images, University of Leuven: Dirk van Compernolle
Bulgarien	Bulgaria	Institute for Bulgarian Language, Bulgarian Academy of Sciences: Svetla Koeva
Cypern	Cyprus	Language Centre, School of Humanities: Jack Burston
Danmark	Denmark	Centre for Language Technology, University of Copenhagen: Bolette Sandford Pedersen, Bente Maegaard
Estland	Estonia	Institute of Computer Science, University of Tartu: Tiit Roosmaa, Kadri Vider
Finland	Finland	Computational Cognitive Systems Research Group, Aalto University: Timo Honkela
		Department of Modern Languages, University of Helsinki: Kimmo Koskenniemi, Krister Lindén
Frankrike	France	Centre National de la Recherche Scientifique, Laboratoire d'Informatique pour la Mécanique et les Sciences de l'Ingénieur and Institute for Multilingual and Multimedia Information: Joseph Mariani
		Evaluations and Language Resources Distribution Agency: Khalid Choukri
Grekland	Greece	R.C. "Athena", Institute for Language and Speech Processing: Stelios Piperidis
Irland	Ireland	School of Computing, Dublin City University: Josef van Genabith
Island	Iceland	School of Humanities, University of Iceland: Eiríkur Rögnvaldsson
Italien	Italy	Consiglio Nazionale delle Ricerche, Istituto di Linguistica Computazionale "Antonio Zampolli": Nicoletta Calzolari
		Human Language Technology Research Unit, Fondazione Bruno Kessler: Bernardo Magnini
Kroatien	Croatia	Institute of Linguistics, Faculty of Humanities and Social Science, University of Zagreb: Marko Tadić
Lettland	Latvia	Tilde: Andrejs Vasiļjevs
		Institute of Mathematics and Computer Science, University of Latvia: Inguna Skadiņa
Litauen	Lithuania	Institute of the Lithuanian Language: Jolanta Zabarskaitė
Luxemburg	Luxembourg	Arax Ltd.: Vartkes Goetcherian

Malta	Malta	Department Intelligent Computer Systems, University of Malta: Mike Rosner
Nederländerna	Netherlands	Utrecht Institute of Linguistics, Utrecht University: Jan Odijk
		Computational Linguistics, University of Groningen: Gertjan van Noord
Norge	Norway	Department of Linguistic, Literary and Aesthetic Studies, University of Bergen: Koenraad De Smedt
		Department of Informatics, Language Technology Group, University of Oslo: Stephan Oepen
Österrike	Austria	Zentrum für Translationswissenschaft, Universität Wien: Gerhard Budin
Polen	Poland	Institute of Computer Science, Polish Academy of Sciences: Adam Przepiórkowski, Maciej Ogrodniczuk
		University of Łódź: Barbara Lewandowska-Tomaszczyk, Piotr Pęzik
		Department of Computer Linguistics and Artificial Intelligence, Adam Mickiewicz University: Zygmunt Vetulani
Portugal	Portugal	University of Lisbon: António Branco, Amália Mendes
		Spoken Language Systems Laboratory, Institute for Systems Engineering and Computers: Isabel Trancoso
Rumänien	Romania	Research Inst. for Artificial Intelligence, Romanian Academy of Sciences: Dan Tufiş
		Faculty of Computer Science, University Alexandru Ioan Cuza of Iași: Dan Cristea
Schweiz	Switzerland	Idiap Research Institute: Hervé Bourlard
Serbien	Serbia	University of Belgrade, Faculty of Mathematics: Duško Vitas, Cvetana Krstev, Ivan Obradović
		Pupin Institute: Sanja Vranes
Slovakien	Slovakia	Ľudovít Štúr Institute of Linguistics, Slovak Academy of Sciences: Radovan Garabík
Slovenien	Slovenia	Jožef Stefan Institute: Marko Grobelnik
Spanien	Spain	Barcelona Media: Toni Badia, Maite Melero
		Institut Universitari de Lingüística Aplicada, Universitat Pompeu Fabra: Núria Bel
		Aholab Signal Processing Laboratory, University of the Basque Country: Inma Hernaez Rioja
		Centre for Language and Speech Technologies and Applications, Universitat Politècnica de Catalunya: Asunción Moreno
		Department of Signal Processing and Communications, University of Vigo: Carmen García Mateo
Storbritannien	UK	School of Computer Science, University of Manchester: Sophia Ananiadou
		Institute for Language, Cognition and Computation, Centre for Speech Technology Research, University of Edinburgh: Steve Renals

		Research Institute of Informatics and Language Processing, University of Wolverhampton: Ruslan Mitkov
Sverige	Sweden	Språkbanken, Department of Swedish, University of Gothenburg: Lars Borin
Tjeckien	Czech Republic	Institute of Formal and Applied Linguistics, Charles University in Prague: Jan Hajič
Tyskland	Germany	Language Technology Lab, DFKI: Hans Uszkoreit, Georg Rehm
		Human Language Technology and Pattern Recognition, RWTH Aachen University: Hermann Ney
		Department of Computational Linguistics, Saarland University: Manfred Pinkal
Ungern	Hungary	Research Institute for Linguistics, Hungarian Academy of Sciences: Tamás Váradi
		Department of Telecommunications and Media Informatics, Budapest University of Technology and Economics: Géza Németh, Gábor Olaszy

Närmare 100 språkteknologiexperter – från länderna och språkgemenskaperna i META-NET – diskuterade och finputsade höjdpunkterna i vitböckerna vid ett META-NET-möte i Berlin den 21–22 oktober 2011. — About 100 language technology experts – representatives of the countries and languages represented in META-NET – discussed and finalised the key results and messages of the White Paper Series at a META-NET meeting in Berlin, Germany, on October 21/22, 2011.

C

META-NETS VITBÖCKER / THE META-NET WHITE PAPERS

baskiska	Basque	euskara
bulgariska	Bulgarian	български
danska	Danish	dansk
engelska	English	English
estniska	Estonian	eesti
finska	Finnish	suomi
franska	French	français
galiciska	Galician	galego
grekiska	Greek	ελληνικά
iriska	Irish	Gaeilge
isländska	Icelandic	íslenska
italienska	Italian	italiano
katalanska	Catalan	català
kroatiska	Croatian	hrvatski
lettiska	Latvian	latviešu valoda
litauiska	Lithuanian	lietuvių kalba
maltesiska	Maltese	Malti
nederländska	Dutch	Nederlands
norska bokmål	Norwegian Bokmål	bokmål
nynorska	Norwegian Nynorsk	nynorsk
polska	Polish	polski
portugisiska	Portuguese	português
rumänska	Romanian	română
serbiska	Serbian	српски
slovakiska	Slovak	slovenčina
slovenska	Slovene	slovenščina
spanska	Spanish	español
svenska	Swedish	svenska
tjeckiska	Czech	čeština
tyska	German	Deutsch
ungerska	Hungarian	magyar

MIX
Papier aus verantwortungsvollen Quellen
Paper from responsible sources
FSC® C105338

If you have any concerns about our products,
you can contact us on
ProductSafety@springernature.com

In case Publisher is established outside the EU,
the EU authorized representative is:
Springer Nature Customer Service Center GmbH
Europaplatz 3, 69115 Heidelberg, Germany

Printed by Libri Plureos GmbH
in Hamburg, Germany